PARENT*
TRAINING

(発達障害の子の育て方がわかる!)

ペアレント・トレーニング

監修
まめの木クリニック院長
上林 靖子

健康ライブラリースペシャル　講談社

まえがき

ペアレント・トレーニング（ペアトレ）は発達障害、とくにADHDのある子をもつ親のための、子育て支援プログラムです。

トレーニングというと、厳しい練習のようなイメージがあるかもしれませんが、そうではありません。ペアトレは、親に楽をしてもらうための、子育てアドバイスのようなものです。

ペアトレに参加すると、子どものさまざまな行動にどう対応すればよいかが学べます。ほめ方や指示の仕方のひと工夫です。そのひと工夫で、子どもが自信をもち、元気になり、子育てが楽になります。「ひと手間で楽になる」。それがペアトレのキーワードです。

ペアトレが目指しているのは、子どもを変えることではありません。親に適切な対応を覚えてもらい、親子関係を見直す機会をつくってもらうことです。親子がおだやかに、幸せに暮らしていくこと。それこそが、ペアトレの目指すゴールです。

発達障害のある子は、生活のさまざまな面で困難を抱えがちです。失敗が多く、それを大人はつい叱ってしまいます。「わが子ながら、ほめるところがない」と嘆く親もいます。そのくらい、育てにくい面があるのです。

子育てに難しさを感じたら、ぜひペアトレを参考にしてください。発達障害のさまざまな特性への配慮が、プログラムのなかに盛りこまれています。子どもの好ましい行動を見つけて、ほめる方法が身につくはずです。

本書には、ペアトレのもっとも基本的な形を紹介しました。細部は地域ごと・実施機関ごとに異なります。詳細は各地の専門家にご確認ください。本書が子育てのヒントになることを願っています。

なお、本書を制作するにあたって、まめの木クリニックの藤井和子氏、大正大学の井潤知美氏に多大なご協力をいただきました。ここに感謝申し上げます。

まめの木クリニック院長　上林靖子

ペアトレ

2 保護者同士で集まって、セッションスタート！

ペアレント・トレーニングのすすめ

「うちの子にはほめるところがない」

というあなたへ

1

子育ての基本はほめることだと、よく言われます。しかし、子どもを上手にほめるのは、かんたんなことではありません。やんちゃで、ケンカやトラブルをよく起こしてしまう子の場合、とくにそうです。

ただいまー、
行ってきまーす

家に帰るなり、カバンを放り投げて外出。道具は自分の部屋に持っていってほしいのだが……

待ちなさい！
片付けが
先でしょう！

ほめることよりも、人に迷惑をかけないように注意することが先。力ずくで止めなければならないときも

2

日々の生活でトラブルが多いと、保護者はどうしても、子どもをほめることより叱ることに気が回りがちです。ほめるほうがよいとわかっているのに、そうできない。それは保護者にとって、大きなストレスになります。

わが子ながら、
ほめるところ
がないのよ……
かと言って、
叱ってばかり
いるのもなぁ

夫婦で夜中まで話し合っても、よいアイデアが出てこない。怒鳴って注意することしかできないのだろうか

悩んでいる
あなたにこそ！

ペアレント・
トレーニングが
必要です！

3

どのように注意すれば、トラブルを減らせるのか。子どものどこをほめてあげればよいのか。その答えは、家族で考えているだけでは、見つからないかもしれません。そのとき、ペアレント・トレーニングが役立つのです。

本当にもう、怒ってばかり
の自分が嫌になるよ……。
えっ？　ペアトレ？
なにそれ？

4

悩みをひとりで抱えこんでいると、失敗が続き、子育てへの自信がなくなったり、自己嫌悪に陥ったりすることもあります。ぜひ専門家の知恵を活用し、子育てを見直す機会をもってください。

自信をなくして友人に相談したら、ペアトレのことを教えてくれた。ほめ方がわかるなら、ぜひ参加したい！

子どもが自分から食器を下げにきた。その小さながんばりにも、笑顔や感謝の言葉を返す

ほめ方がわかる

子どもに伝わりやすいほめ言葉、口調、態度、タイミングなどがわかる。無理なくほめられるように

楽しく学べる

専門家やほかの保護者と会話をしながら学べる。人の意見を聞くことで、考え方が広がる

いますぐできる！ ペアレント・トレーニング

ひと手間で楽になる

ほめ方のひと工夫が、親子関係の改善につながる。好循環は子育て全体に波及していく。親も子も楽になる

誰もができる

特別な資格や専門知識は必要ない。誰でも参加できる。発達障害の診断の有無も問われない場合が多い

おだやかな口調で「あと10分で終わらせようね」と伝える。怒鳴らずに暮らしていける

1 ペアレント・トレーニングをはじめましょう！

まずはペアトレを知ることからスタート！　ペアトレは、つねに「行動」に注目するプログラムです。子どもの性格を変えることなんてできません。ペアトレが変えるのは、行動です。

保護者が子育てを学ぶトレーニング

ペアトレとは、ペアレント（両親）が子どもをトレーニングして、適切な行動を教えることではありません。トレーニングを受けるのは、保護者のほうです。

ペアレント・トレーニングとは

ペアトレは、アメリカで生まれたトレーニング・プログラムです。保護者が子どもの行動の背景を理解して、より適切な接し方をするための練習を、体系化したものです。

同様の名称でいくつかの手法がありますが、本書で扱っているのはカリフォルニア大学ロサンゼルス校のプログラムと、そこから派生した日本式のものです。

ペアレント・トレーニング
Parent　Training

親が → **なにを？** → **訓練する**

子どもの行動への対応を！

子どもを直すのではなく親が対応を身につける

ペアトレに参加するのは、子育てに悩んでいる保護者です。適切な子育てを学んで、子どもの問題行動を減らしたいという人が多数、参加しています。

そのため、ペアトレは子どもの悪いくせを直すためのものだと誤解されやすいのですが、それは違います。ペアトレは、子どもを変えるためのものではありません。保護者がよりよい対応を身につけて、楽になるためのものです。

練習するのは保護者、変わるのも保護者です。保護者が変われば、親子関係に変化が生じます。それが間接的に、子どもの行動へと影響します。

外出の準備が遅くても、じっと我慢。せかさずに待ち、終わったらほめる

親子の間の悪循環を断つ

子どもの行動を理解できないまま、手探りで子育てをしていると、失敗続きの悪循環に陥ってしまうことがあります。親子ともども、つらい体験をすることになります。ペアトレを活用すると、悪循環がとまり、ストレスが減ります。

ペアトレで見直す

ペアトレは、子どもの行動や親子関係を見直すチャンスです。悪循環に陥っている部分に向き合い、子どもとの接し方を変えていきます。

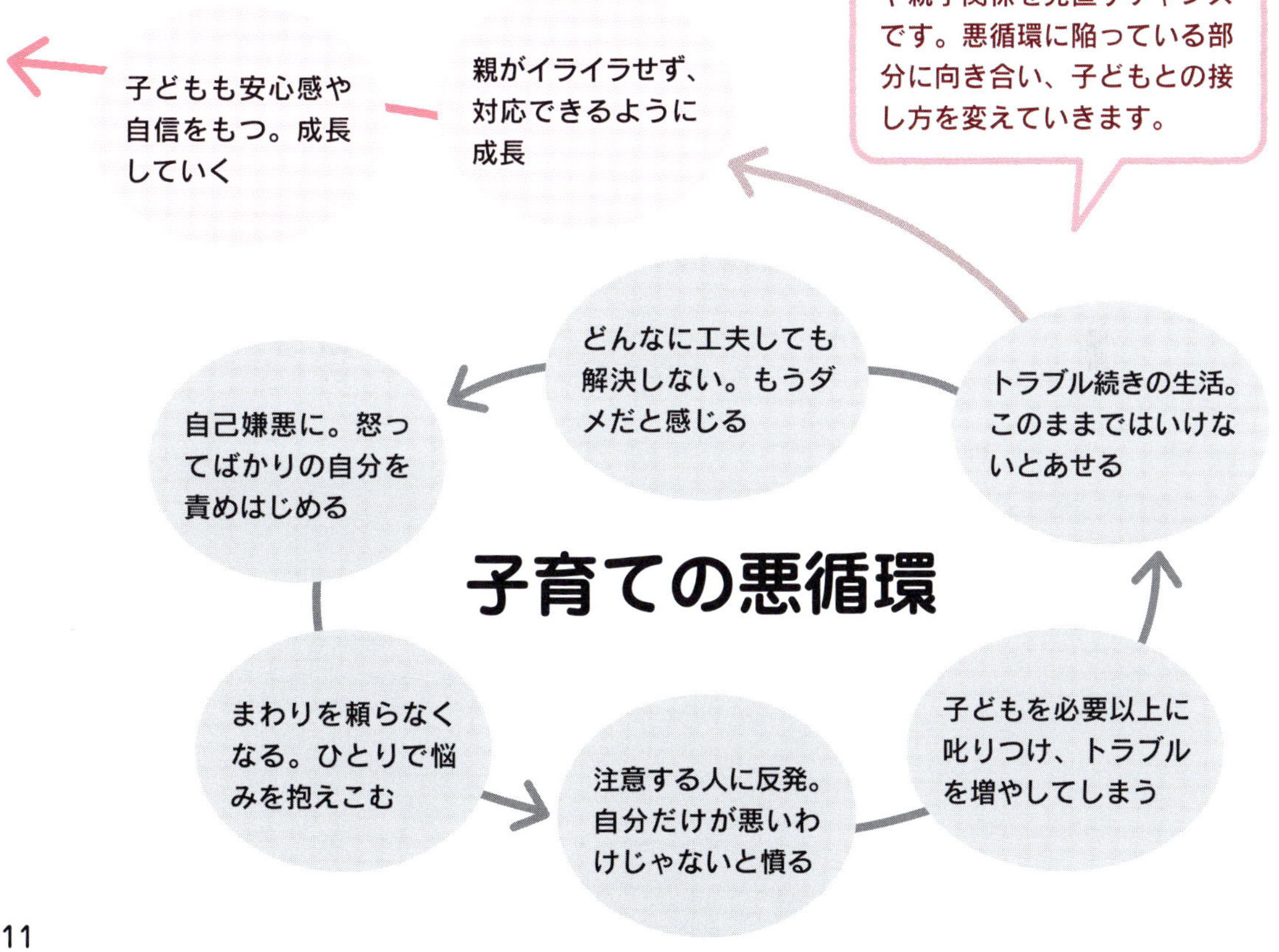
子どもも安心感や自信をもつ。成長していく
親がイライラせず、対応できるように成長
子育ての悪循環
トラブル続きの生活。このままではいけないとあせる
どんなに工夫しても解決しない。もうダメだと感じる
自己嫌悪に。怒ってばかりの自分を責めはじめる
まわりを頼らなくなる。ひとりで悩みを抱えこむ
注意する人に反発。自分だけが悪いわけじゃないと憤る
子どもを必要以上に叱りつけ、トラブルを増やしてしまう

発達障害対応法のひとつ

ペアトレは、発達障害のある子を育てる親を支援するプログラムです。しかし、どのような子どもの養育にも役立つものであることが知られています。

発達障害とは

発達障害は、脳機能のなんらかのかたよりや異常がもとになってあらわれます。言葉や行動のコントロール、社会性、学習能力などの発達の過程で明らかになってきます。成長とともに変化しますが、基本的特徴はもちづつけることが多いものです。

発達障害の種類

ADHD（注意欠陥多動性障害）
多動性と衝動性が強く、不注意がある。落ち着きのなさ、忘れ物の多さなどが特徴的。ペアトレの効果が出やすい

自閉症スペクトラム*
想像力、社会性、コミュニケーション能力にかたよりがある。行動としては、こだわりの強さや会話のすれ違いなどが現れる

LD（学習障害）
読み書きや計算の能力に障害がある。すべてできないという子は少なく、一部の学習が困難となる子が多い

発達障害には、ほかに知的障害や発達性協調運動障害などがある。複数の障害が重なり合う場合もある

子どもにあった育て方が見つかる

ペアトレは、ADHDへの対応法として開発されたプログラムです。その後、ほかの発達障害にも活用されるようになり、スキルを加えたり、改変するなどして、進展しています。

発達障害のある子には、独特の行動特徴があります。大人はそれを理解しないまましつけようとしたり、ほかの子と同じようにふるまうよう期待しがちです。そこから、保護者にとっての「育てにくさ」が生じます。

ペアトレは、その「育てにくさ」をやわらげてくれます。

適切な対応がわかり、困惑が軽減します。

＊自閉症圏の障害の総称。知的障害をともなう自閉症や、高機能自閉症、アスペルガー症候群をひとつの連続体（スペクトラム）としてとらえている

対応法はいくつかある

発達障害による困難を減らすための方法は、ペアトレ以外にもいくつかあります。教育的な対応から、薬を用いる医学的な対応まで、さまざまです。自分たちにあった方法を組み合わせるとよいでしょう。

生活面の対応

ペアレント・トレーニング

保護者が子育てを学ぶ。より適切な対応ができるようになり、生活がおだやかになる

ソーシャル・スキル・トレーニング

子ども本人が社会で生活するためのスキルを学ぶ。集団行動、買い物、交通機関の利用など

生活環境の見直しも治療につながる。カーテンやクッションを使って、子どもが好む居場所をつくるなど

TEACCH＊1やABA＊2などといった、そのほかの対応法もある。絵カードやマナーの練習などをおこなう

自閉症の子には、絵カードなどを使った視覚的な支援が効果を発揮しやすい

教育的な対応

学校教育

授業や試験などの際、学校側が子どもに配慮すると、生活が安定する。近年は特別支援教育がはじまり、支援を受けやすくなった

LDの子には、学習面への特別な対応が必要。読み書きを補助・免除するなど

医学的な対応

薬物療法など

多動性などをおさえるために薬を使う場合がある。ほかにも情動や行動のコントロールのために薬を用いる。心理面の安定をはかる心理療法もおこなわれる

＊1自閉症児・者のための療育プログラム。視覚的な情報などを活用する
＊2応用行動分析。療育法のひとつ。適切な行動を教えることができる

子どもの性格ではなく行動に注目する

「行動療法」をベースとしてつくられたペアトレは、つねに行動に注目し、行動の改善をめざします。子どもの性格を変えるものではありません。

行動を見る

ペアトレが扱うのは、子どもの行動。よく起きる問題があり、それが子育ての悩みになっている場合に、そのときの子どもの心理ではなく、表に現れた行動を分析します。

子どもがファミリーレストランでデザートを待ちきれず、だだをこねているうちにコップを割ってしまった！

×

いつも甘やかしすぎだろうか。厳しくしたほうがいいのかな

わがままな性格を直さなきゃ、将来もっと大変になる

どうして、わざと困らせるようなことをするの！

心理を見る

○

ものをこわしたときには謝らなければいけないのに、謝れなかった

注文した品が出てこなくても、少しくらい待たなくちゃ

でも、割ったコップを自分で片付けようとしたのはよいこと

行動を見る

親がじょうずに対応すると、子どもは「レストランで大声を出すのはよくない」と学び、ふつうの声で話すようになる

行動を変えていく

ひとつ行動をしたあとには、必ずなんらかの結果が生じます。たとえばそれがよい結果なら、また同じ行動をしようと、誰しもが思うものです。その考え方を応用したのが「行動療法」。ペアトレのもとになった考え方です。

行動療法とは

問題行動を少しずつ修正する治療法。暴力衝動をじょじょに弱めていくときや、恐怖症を治療するときなどにも用いられる

行動	結果	行動が改善
デザートを待ちきれない。大声でだだをこねる	大声を出さなければ聞いてもらえる	デザートを待つ間、大声を出さず、小声で不満を告げる

感情的になると、お互いにつらい

ペアトレは、子どもの気持ちにももちろん配慮しますが、あくまでも焦点は行動に向けます。

行動の観察と変容にしぼって考えるため、感情に振り回されずに、落ち着いて対処できます。親子で感情的になって言い合いをするのはつらいもの。それを避けるためにもペアトレが役立ちます。

HELP!

子どもがなにを考えているか、よくわかりません!

発達障害の特性があり、こだわりが強い子の場合、保護者には理解しづらい行動をとることがあります。

子どもがあまりに唐突な言動をするという場合には、医師や発達障害の専門家に相談して、助言を得るのもよいでしょう。

ペアトレ用語をかんたん解説

よい行動は「強化」しよう！

「強い子に育てること」ではない

強化という字を見ていると、子どもを強くするイメージが浮かぶかもしれませんが、誤解です。

多少の失敗ではめげないように、打たれ強く育てること？
自己主張はどんどんしていいんだって教えること？
勉強や運動を猛練習させて、自信をつけさせること？

ちがいます

「強化」とは

「強化」は、行動療法の専門用語です。行動の頻度を高める、強くするという意味があります。

子どもは、なにか行動をしたときにほめられると、その行動をよくするようになることがあります。

そのような変化の過程を、強化といいます。

ペアトレでは、その強化のメカニズムを利用して、子どもの行動頻度を変えていきます。

子どもをほめて好ましい行動を強化するのと同時に、好ましくない行動は無視して、強化しないようにします。

行動の頻度を強めること

強化とは、特定の行動の頻度を高めることです。保護者の行動は、子どもの行動の頻度に大きく影響しています。

指示していないのに、子どもが自発的に好ましいことをした

保護者が子どもの行動に気づき、ほめる。笑顔で声をかける

子どもが「自分はいいことをしたんだ」と感じて、その行動の頻度を増やす

わー、ありがとう！
たすかるよ〜
ゴミ袋

子どもがなにげなく、生ゴミをまとめはじめた。そこでひと言感謝すると、子どもの行動が「強化」される

これが「強化」

子どもが好ましい行動をしてほめられて、よりいっそうがんばろうと考える。これが「強化」のメカニズム

逆効果の「強化」も

いっぽう、騒いで注意された子が、次はもっと騒いで気を引こうと考える場合もある。保護者の意図と逆になってしまう

ペアレント・トレーニングでは、「強化」のメカニズムを活用して、子どもの好ましい行動を増やします。

トレーニングの目的

子どものことを理解するチャンス

ペアトレに参加すると、子育てがわかり、親子関係の見直しができるほかに、子どもをより深く理解することもできます。

親子関係を見直し、子どものことを見直す

ペアトレ創始者のひとり、シンシア・ウィッタム氏は、著書のなかで保護者たちに「あなたは子どもを変えるための鍵です」と語りかけています。

保護者の対応しだいで、子どもの行動や親子関係が変化することもあるのです。

ペアトレは、万能のプログラムではありません。トレーニングをしても直らない行動が、なかにはあるでしょう。

しかし、トレーニングに参加すれば、子どものことをいまよりも深く理解できます。その一歩は、これからの生活にとって、大きな一歩となるはずです。

子どもがよく見える

ペアトレには、子どもの行動を3種に分類したり、その背景を考えたり、対処法を相談したりする機会があります。その過程を通じて、子どもをよりくわしく見ることができます。

漠然と「だらしない子」と考えるのではなく、「服を脱ぎちらかす」という行動面を見る

子どもの苦労を理解できる

子どもがなぜ問題を起こしてしまうのか、その背景にも目を向ける。専門家の見解を聞くと、子どもの苦労がわかる

問題をはっきりさせる

子育ての悩みを明確にする。子どものどの行動が問題になっているか、具体的に書き出す。その過程を「外在化」という

努力がよく見える

子どもの行動を注意深く見るようにすると、自然と、子どもの成長や努力も目に入るようになっていきます。結果として、行動だけではなく、子どもの気持ちもより深く理解できるようになります。

けっして丁寧ではないが、脱いだ服を洗濯かごに入れるようになった。小さな変化を見つけていく

子どもの努力にも気づく

成長が見えるということは、子どもの努力も見えるということ。がんばっているわが子の姿に、勇気づけられる

子どもの成長が見える

対応をする前に行動をくわしく見ているので、小さな進歩にも気づきやすくなる。成長がよく見えるように

よい対応を覚える

問題と背景を理解したうえで、対応を考え、実践する。専門家やほかの保護者からアドバイスを受けられる

まわりが協力してくれる

問題も、保護者の苦労も、子どもの成長もはっきりするため、周囲の協力を得やすくなる。父親、教師、親戚などが同じ対応をとってくれる

コラム

ペアトレの歴史
ロサンゼルスから東京、奈良へ

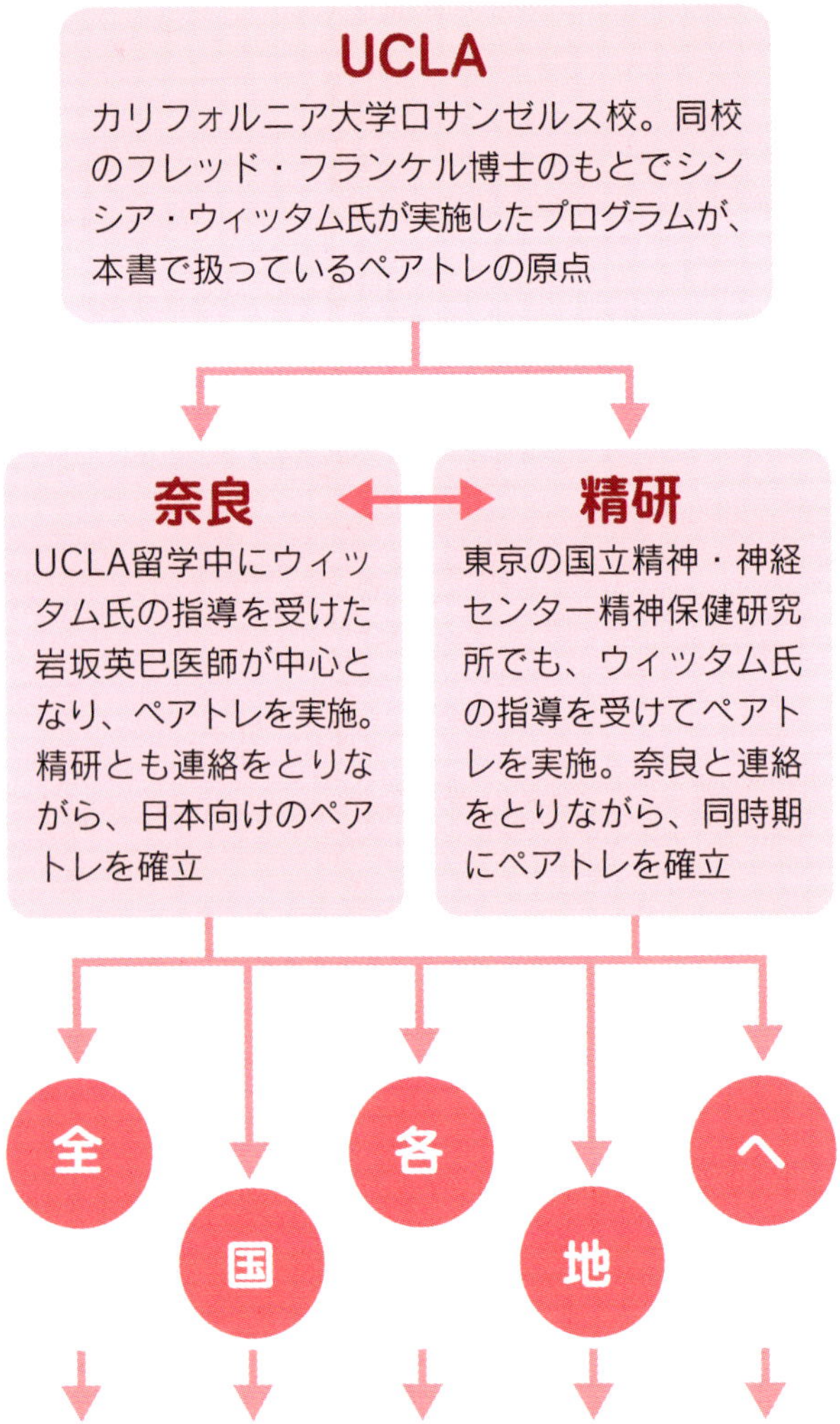

UCLA
カリフォルニア大学ロサンゼルス校。同校のフレッド・フランケル博士のもとでシンシア・ウィッタム氏が実施したプログラムが、本書で扱っているペアトレの原点
奈良
UCLA留学中にウィッタム氏の指導を受けた岩坂英巳医師が中心となり、ペアトレを実施。精研とも連絡をとりながら、日本向けのペアトレを確立
精研
東京の国立精神・神経センター精神保健研究所でも、ウィッタム氏の指導を受けてペアトレを実施。奈良と連絡をとりながら、同時期にペアトレを確立
全
国
各
地
へ

もとはアメリカで生まれたトレーニング

本書で扱っているペアレント・トレーニングは、アメリカ・ロサンゼルスで開発されたプログラムをベースにして、日本の東京と奈良で、ほかの手法もとり入れながらアレンジされたものです。

基本的には、ロサンゼルスのプログラムと変わりませんが、言葉づかいや学校との連携のとり方などは、日本の現状にあったものに調整されています。

ペアトレには、ロサンゼルス発祥の形式のほかにも、さまざまな手法があります。いずれも、その形式の専門家の指導を受け、トレーニングの意義を理解したうえで活用することが大切です。

2 保護者同士で集まって、セッションスタート！

基本方針に続いて、いよいよ実践編の解説です。ペアトレは2週間に1回、4～8人で集まって、子育てについて語り合う会です。そんなふうにイメージして、読んでみてください。

実例で学ぶ ペアトレの はじめ方

どこでペアトレと出会う？

1 子どもの発達相談を通じて知る人が多い

ペアトレ体験者の多くが、子どもの発達相談をしていくなかでトレーニングの専門家に出会い、その専門家の実施しているトレーニングの参加条件など、詳細を確認したうえで、ペアトレに参加しています。

子どもの発達障害を心配して医療機関を受診し、そこを通じてペアトレの実施機関を知る人が多い

療育センターや発達障害者支援センターなど、地域の支援機関でペアトレの情報を聞き、参加する人も

保護者同士の口コミで知る人もいる。体験談を聞いたり、実施機関を紹介してもらったりしている

発達障害の家族会や支援団体にも情報が集まっている。団体がペアトレを実施している場合も

小児科の待合室に、ペアトレのパンフレットや案内状が置かれている場合もある

2 リーダーに指導をしてもらう

トレーニングは2～3名の専門家のもとで、4～8名ほどの保護者が参加して開かれます。専門家が「プログラムリーダー」として司会をつとめ、参加者にテーマを説明し、質問への助言や指示もおこないます。

リーダー役の専門家は、小児精神科医や臨床心理士であることが多い。保護者が専門の研修を受けてスタッフになっている場合もある

リーダーは参加者の子どもの状態や特徴を把握する。事前に面接をおこない、聞き取りをする場合もある

保護者だけで面談を受けることもあれば、親子で面談に参加する場合もある

トレーニングでは、リーダー1名が司会、サブリーダー1～2名がサポート役になる

HELP! 近所にペアトレの専門家がいません!

UCLA方式のペアトレが日本ではじめて実施されたのは一九九九年。それ以来、指導者も参加者も着実に増えていますが、まだ、全国各地に広がったとは言えません。

専門家が見つからないときは、近隣の小児科以外に、大学病院や療育センターなどにも問い合わせてください。

実例で学ぶペアトレのはじめ方

なにを持っていく？

動きやすい服装で参加する人が多い。ロールプレイで歩いたり座ったりするため
筆記用具は必須。毎回、書類（テーマをまとめたレジュメ）を渡されるので、書類整理用のファイルを用意すると便利
会費や紹介状などが必要な場合は、実施機関から案内される。案内状をよく見よう
セッション開始後は毎回、宿題を忘れずに持っていく。上手にできていなくても大丈夫

カバンひとつで参加できる手軽さも、ペアトレの魅力のひとつ

Point

子どもを連れていくと、どうしても集中力がとぎれる。できれば誰かに預けてから参加したい。同伴する場合は、事前に主催者に連絡する

3 道具はほとんど必要ない

ペアトレで学ぶのは、子育ての考え方やスキルです。トレーニングをする際、特別な道具は使いません。筆記用具があれば十分です。

4 ペアトレがおこなわれる会場

会場には多くの場合、ホワイトボードが設置されています。ボードの前には敷物が敷かれ、それを囲むようにして、参加者用のイスが用意されているのが、一般的です。

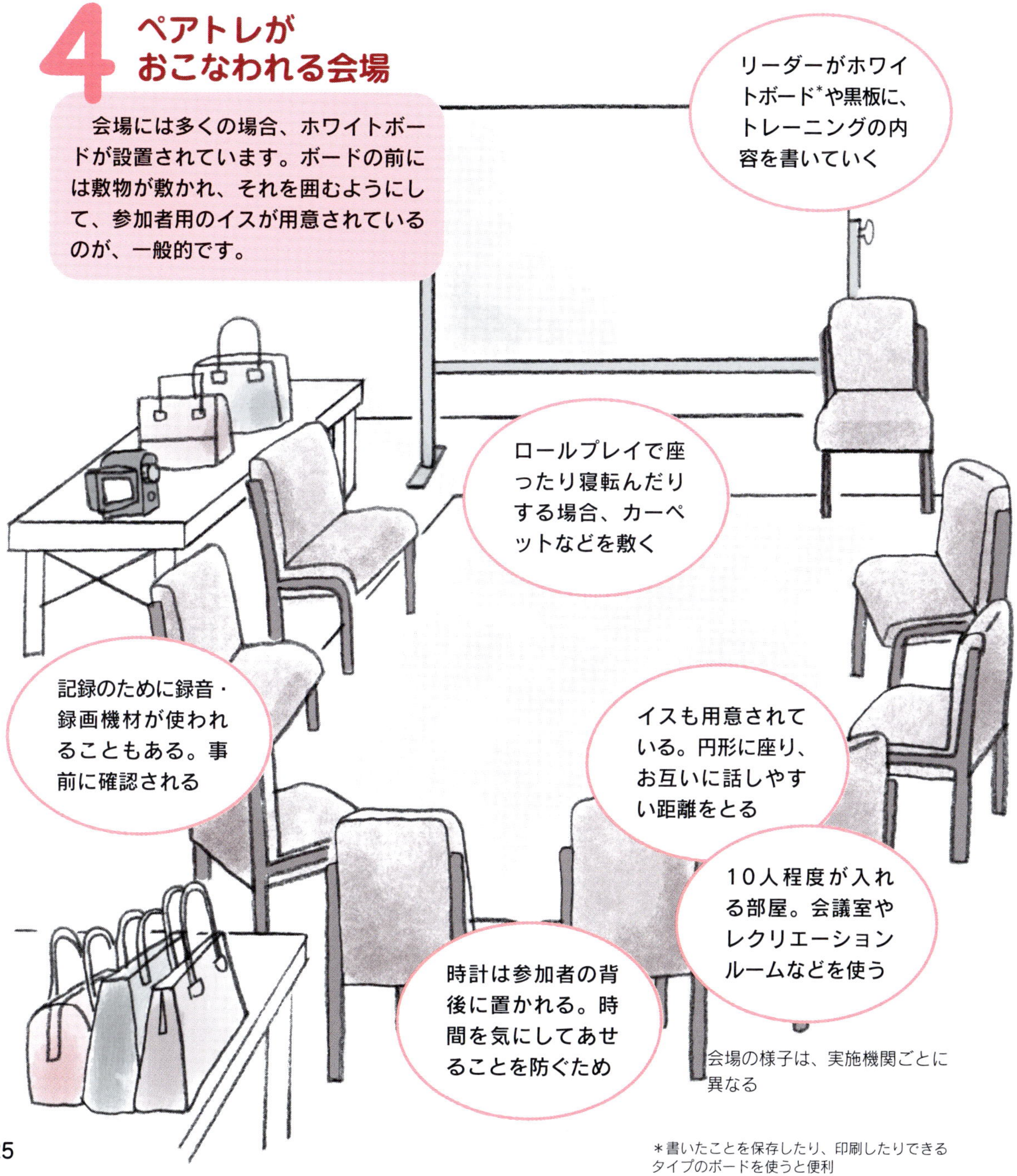
リーダーがホワイトボード*や黒板に、トレーニングの内容を書いていく
ロールプレイで座ったり寝転んだりする場合、カーペットなどを敷く
記録のために録音・録画機材が使われることもある。事前に確認される
イスも用意されている。円形に座り、お互いに話しやすい距離をとる
10人程度が入れる部屋。会議室やレクリエーションルームなどを使う
時計は参加者の背後に置かれる。時間を気にしてあせることを防ぐため

会場の様子は、実施機関ごとに異なる

＊書いたことを保存したり、印刷したりできるタイプのボードを使うと便利

5 同様の悩みをもつ人たちが集まる

参加者はみな、子育てに悩む保護者です。もっとよい子育てをしたいと願いながら、うまくいかず、苦労している人たちが、ペアトレに参加することでその悪循環を断ち、おだやかに暮らせるようになっていきます。

1グループ4～8人。人数が増えすぎると時間が足りなくなる。グループが苦手な人向けに、個別で実施される場合もある

3～10歳の子をもつ親が集まる。年齢をある程度そろえると共通の話題が出やすくなるが、必ずしもこだわらない

ペアトレで改善しにくい悩みの場合、ほかの支援法を紹介されることも

発達障害の診断が出た子どもの保護者限定で実施するトレーニングもある。より専門的な内容が解説される

「同じ悩みをもつ親同士だから、心おきなく相談ができてほっとする」という感想が多い

リーダーの話を聞く

まずは説明を聞いて学ぶ。「ほめる」「制限する」など、毎回テーマが決められている

＋

具体的な例を話す

その日のテーマについて、自分の家庭で困っている場面と、そのときのやりとりを、具体的に話す

＋

接し方の例を実演する

ペアトレの考え方にもとづく対応を実演。やってみて、感想を話し合う

6 集まって話し合いや子育ての実践をする

ペアトレは、主に話し合いで進められます。まず、リーダーがその日のテーマを解説します。それを受けて、参加者が自分の困っている場面などを話します。学んだことをその場で実演する機会ももうけられます。

ふだん、子どもにどのような距離・姿勢・口調で声をかけているか、実演する。そして、リーダーから助言をもらう

HELP! ほかの参加者と話が合いません！

年齢差や特性の違いなどがあって、ほかの参加者と話が合わない場合もあるでしょう。無理に話を合わせる必要はありません。それよりも、年齢が合わないからこそ言える意見を探しましょう。

多様な意見が提案されれば、それだけ話し合いが深まります。

1回の流れ

0分
あいさつと確認
5分
前回のテーマの
復習
45分
今回のテーマの
実習
85分
質疑応答と宿題
90分

7 1回のセッションが約90分

　所要時間は参加者の人数によって変わります。4〜8人が参加し、90分おこなうのが基本形です。少人数の場合は60分程度になります。長時間とりくむと疲れて集中力が低下するので、最長で120分程度と考えましょう。

90分のうち半分は復習。ひとつ前のセッションで学んだ内容を振り返る

この時間割はセッション2〜9のもの。1回目と10回目は別進行になる

参加者1人当たり15分として計算すると、だいたいの目安がつかめる

8 全10回を半年かけておこなう

90分間のセッションを、ぜんぶで10回おこないます。2週間に1回のペースで進めていき、全体で半年間ほどかけるのが一般的。

トレーニングの成果を生活のなかで実践しながら、ゆっくり学びます。

全 10回の流れ

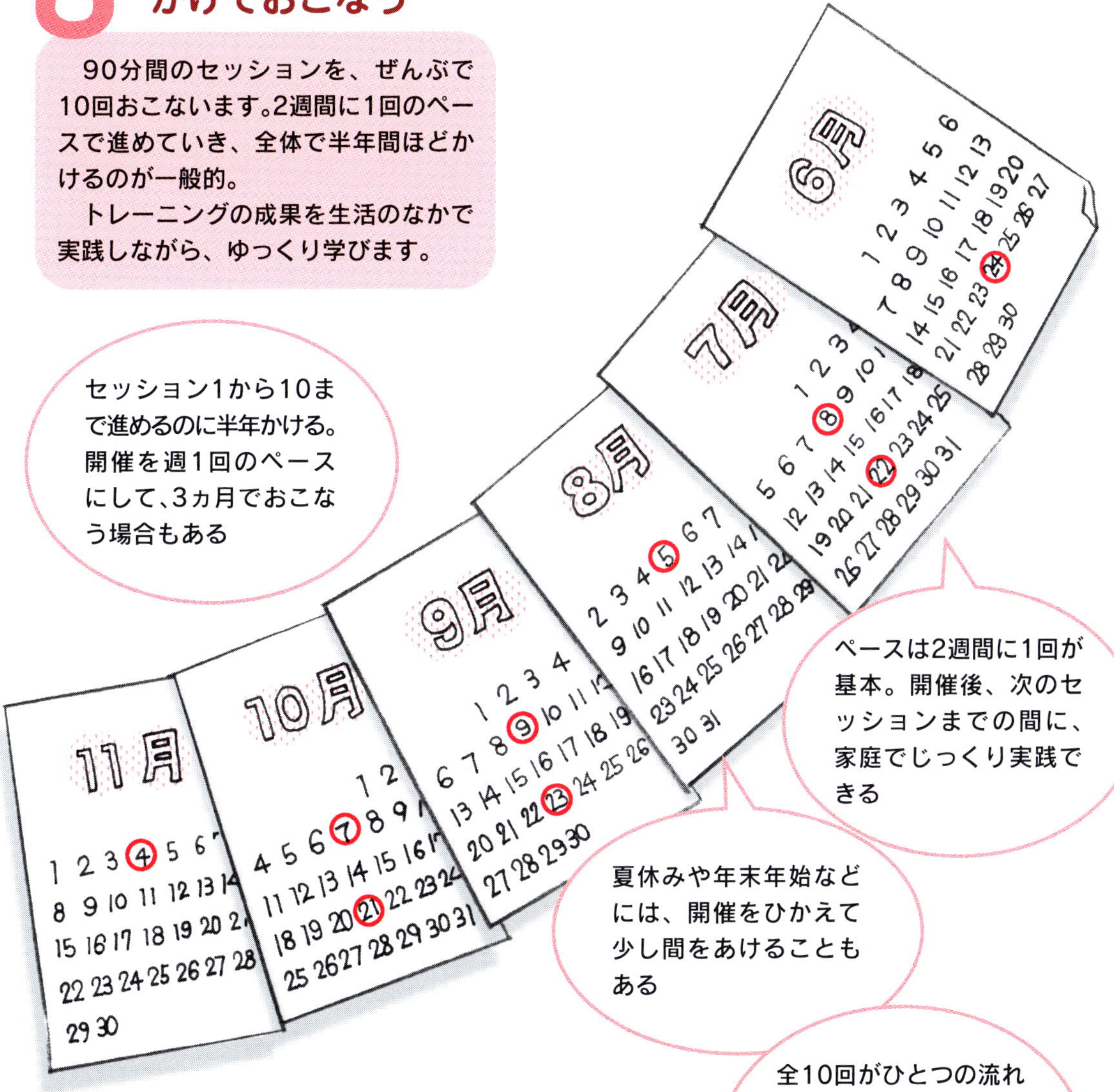

セッション1から10まで進めるのに半年かける。開催を週1回のペースにして、3ヵ月でおこなう場合もある

ペースは2週間に1回が基本。開催後、次のセッションまでの間に、家庭でじっくり実践できる

夏休みや年末年始などには、開催をひかえて少し間をあけることもある

全10回がひとつの流れになっている。順番に進めていくので、途中参加はできない。回数を短縮する場合もある

全10回のスケジュールの例。途中で夏休みをはさんでいる

いますぐ使える！

事前に配られる案内状・当日に使うレジュメの読み方

ペアトレの概要が、かんたんにまとめられている。主催者の考え方がわかる

日時や場所、費用、子どもの年齢、発達障害の診断の有無など、参加条件をチェック。託児所や駐車場の有無なども見ておく

主催者が参加希望者に配る案内状の例。まめの木クリニックでは、受診している家族にのみ、案内状を配布している

______________様

ADHDを持つの子の親の
ペアレントトレーニング のお誘い！！

*ペアレントトレーニングは「**まめの木クリニック**」のユニークな活動です。*


ADHD・広汎性発達障害を持つ子の養育は大変むずかしく、「こんな簡単なことがなぜスムースにいかないのか？」「何回も何回も同じことくりかえすの？」「どうしたらいいのだろう？私の育て方がまちがってる？」と途方に暮れる毎日になっているのではないでしょうか。ADHDをもつ子のペアレントトレーニングは家族の生活がよりスムーズに過ごせるための具体的で効果的な対応方法を学ぶプログラムです。むずかしい子に、よりよいコミュニケーションで、親も子もより適切な対応ができるようにするものです。

「**まめの木クリニック**」ではすでに個別やグループで実施してきておりますが参加くださったみなさまからご好評をいただいております。毎回、熱心に活気溢れつつ和気あいあいとした雰囲気で学び合い支え会う場となっています。

以下のとおり第５期のペアレントトレーニング・グループを開始します。

1グループ幼児～小学校４年生までの保護者の方６～７名の少人数のグループです。

ぜひこの機会にご参加くださいますようご案内とお誘いをさせていただきます。

要領・プログラムは以下のとおりです。

目的：
★ADHDや育てにくさをもった子どもの理解を深める
★親子・家族内のもめ事を少なくして平和的に暮らせるように
★ADHDを持つ子にもっとも深刻な弊害となる自己評価の低下を予防する
★同じ悩みをもつ親たちと相互の分かち合いと支え合い
★メンバーは原則固定です。途中参加はありません。

日程：隔週火曜日　平成１７年１１月１日から隔週火曜日　午前１０：３０分～１２時
11月１・15・２９　１２月１３　平成１８年1月１０・２４　2月７・21
３月７・１７（金）　計１０回
場所：**まめの木クリニック「発達臨床研究所」**
費用：[redacted]
毎回の進め方
：今日の課題の説明→→→やってみる→→→話
＊１０回のプログラムの内容は別紙をごらんく
ステップで進めますので途中参加はできませ
＊保育のスタッフがおりませんので、小さなご
ありませんが、保護者のみご出席できる方に
＊ご両親でもお父様のご参加も歓迎いたします
＊グループ担当は「**まめの木クリニック**」スタッフ

遅刻・欠席をしない、10回通して参加するなど、お願いごとも書かれている。主催者が記録のために撮影をする場合もある

参加ご希望の有・無を１０月２６日までに同封のはがきにてお知らせください。

参加される方には改めて詳しいご案内をさせて頂きます。

楽しいグループ学習にしたいと思っています。　　お待ちしております。

※費用は場合によって異なります

ペアトレ参加の流れ

応募　募集

参加する際は、条件をよく読んでおく

ペアレント・トレーニングに参加するときは、事前に配られる案内状をよく読みましょう。日程や費用以外にも、さまざまな約束ごとが書かれています。数人でグループをつくり、協力しながら進めていくトレーニングなので、どうしても、約束ごとは出てきます。

条件面でわからないことがあったら、主催者に確認するとよいでしょう。事前に個人面接がおこなわれる場合もあります。疑問点をメモしておくと、面接の際にくわしく相談できます。

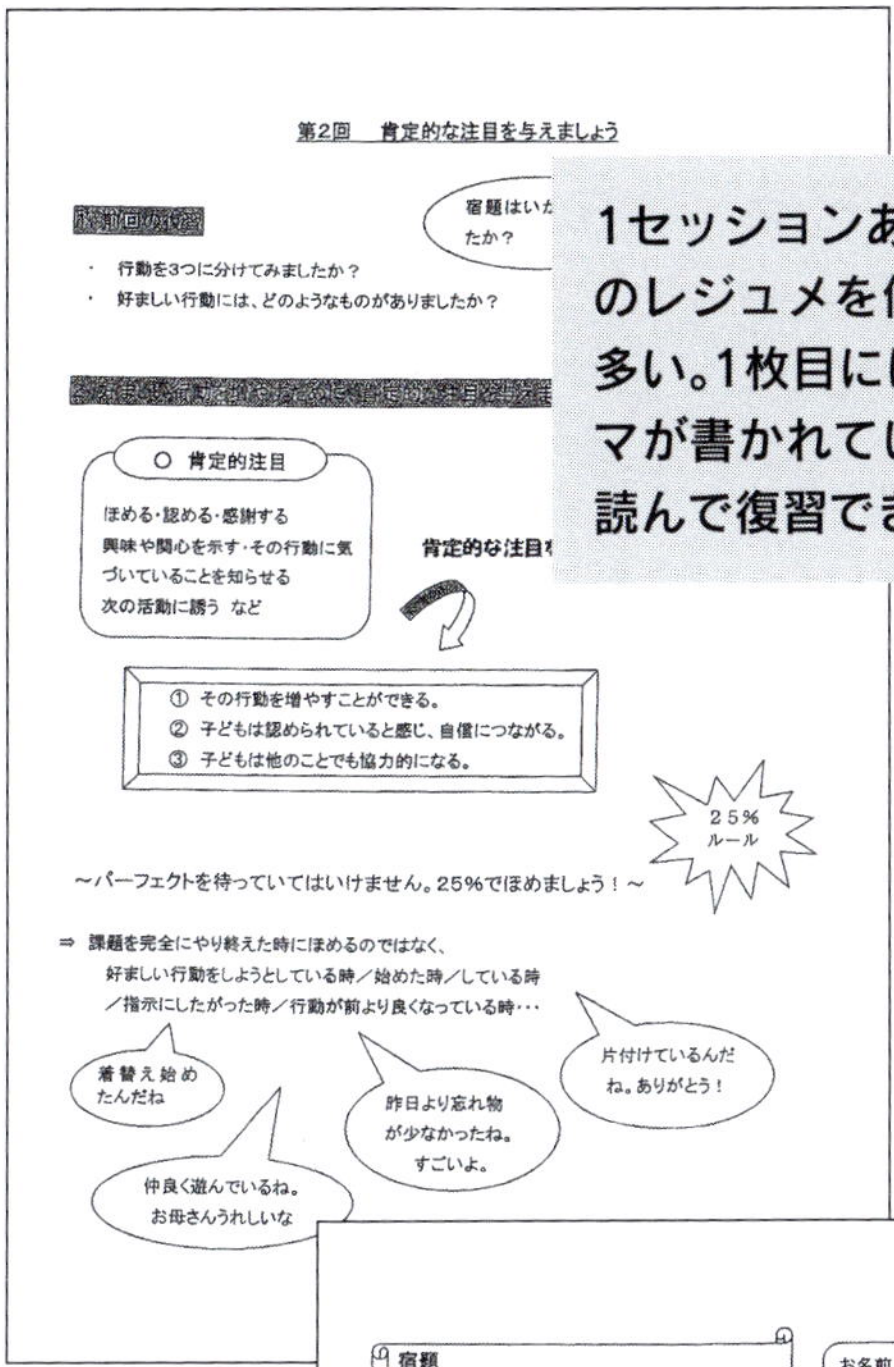
第2回　肯定的な注目を与えましょう

宿題はいた
たか？

・　行動を3つに分けてみましたか？
・　好ましい行動には、どのようなものがありましたか？

○ 肯定的注目
ほめる・認める・感謝する
興味や関心を示す・その行動に気づいていることを知らせる
次の活動に誘う　など

肯定的な注目を

① その行動を増やすことができる。
② 子どもは認められていると感じ、自信につながる。
③ 子どもは他のことでも協力的になる。

25%ルール

～パーフェクトを待っていてはいけません。25%でほめましょう！～

⇒ 課題を完全にやり終えた時にほめるのではなく、
好ましい行動をしようとしている時／始めた時／している時
／指示にしたがった時／行動が前より良くなっている時・・・

着替え始めたんだね
仲良く遊んでいるね。お母さんうれしいな
昨日より忘れ物が少なかったね。すごいよ。
片付けているんだね。ありがとう！

1セッションあたり2～3枚のレジュメを使用する例が多い。1枚目には各回のテーマが書かれている。あとで読んで復習できる

セッション2のレジュメの例。肯定的な注目の種類や効果、考え方が書かれている。このあと、2枚目にも解説が続く

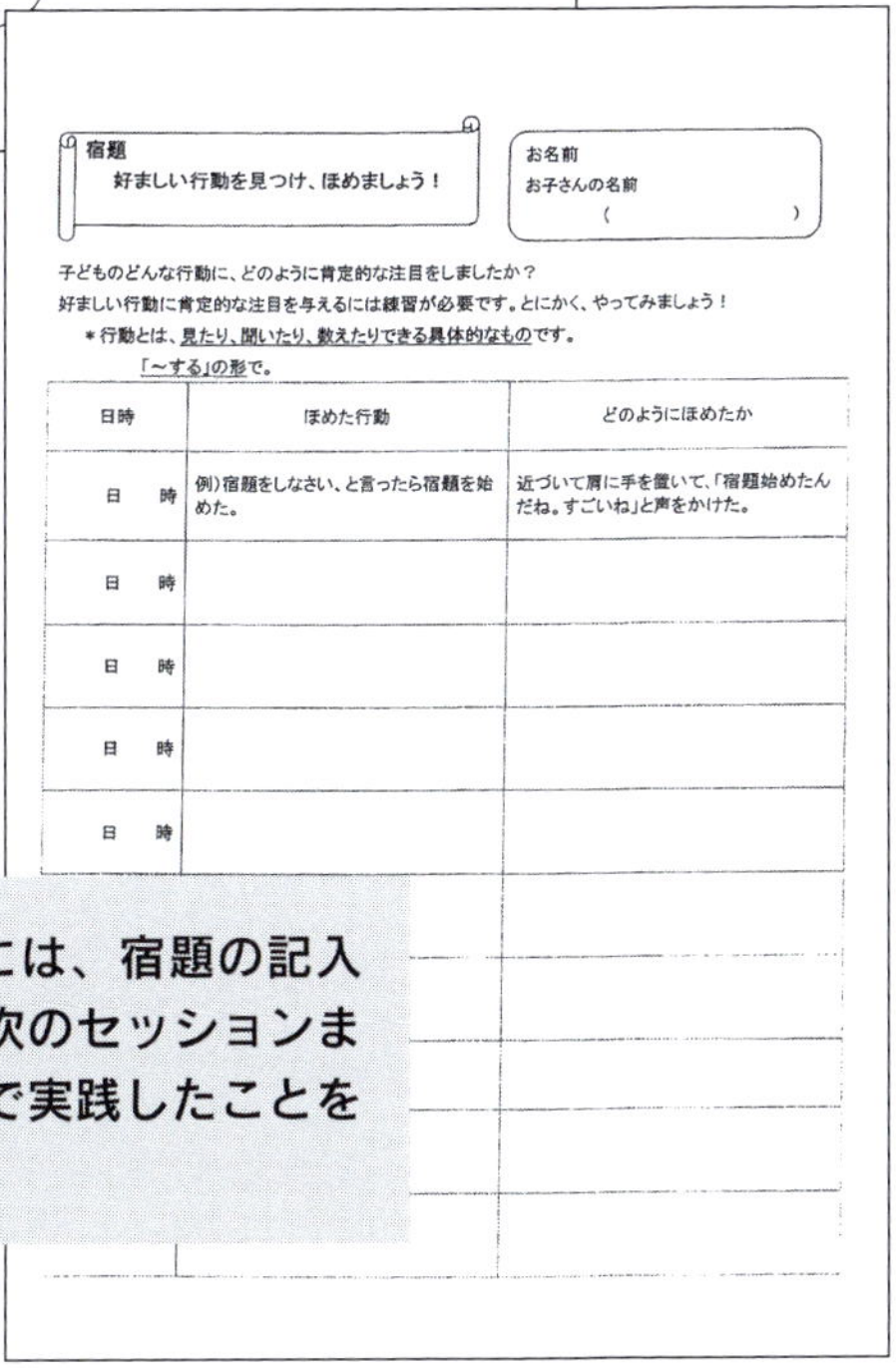
宿題
好ましい行動を見つけ、ほめましょう！

お名前
お子さんの名前
（　　　　　）

子どものどんな行動に、どのように肯定的な注目をしましたか？
好ましい行動に肯定的な注目を与えるには練習が必要です。とにかく、やってみましょう！
＊行動とは、見たり、聞いたり、数えたりできる具体的なものです。
「～する」の形で。

日時	ほめた行動	どのようにほめたか
日　時	例）宿題をしなさい、と言ったら宿題を始めた。	近づいて肩に手を置いて、「宿題始めたんだね。すごいね」と声をかけた。
日　時		
日　時		
日　時		
日　時		

セッション2の宿題記入欄の例。できるだけ多くの出来事を書けるように、たくさんの欄がもうけられている

2枚目以降には、宿題の記入欄がある。次のセッションまでに、家庭で実践したことを書く

多くの場合、主催者が事前アンケートや事前面接をおこない、参加希望者の状況を確認したうえで、参加者が決定する

面接 → 参加

子どもの行動を三種類に分ける

トレーニング初日は、まずスタッフからペアトレについての説明があります。その後、参加者同士の自己紹介、第1回の実習と続きます。

全体説明

最初にペアトレの概要が説明されます。また、トレーニング期間中の決まりごとを全員で確認します。

主旨の説明。ペアトレは保護者支援を目的としていることなど

内容の説明。セッション1回の流れ、宿題があることなど

自己紹介（他己紹介）

スタッフと参加者が知り合う最初の機会です。緊張感がありますが、「他己紹介」をすると緊張がほぐれます。まず、2人1組か3人1組に分かれて5分間、お互いに子どものことを質問しあいます。質問が終わったら、1人ずつ順番に、話し相手の子どものことをグループ全体に向けて紹介します。

Point

全10回の流れがわかる。参加者は困った行動への対応を知りたがることが多いが、それは後半のプログラムで登場する

1「行動を分ける」
2「ほめる」
3「注目しない」
4「注目と無視」
5「指示をする」
6「選ばせる」
7「チャートをつくる」
8「制限する」
9「連携をとる」
10「まとめ」

三つに分けるのは適切な対応をするため

ペアトレ初回のテーマは、子どもの行動を三つに分けること。この分類が、トレーニング全編の基礎となります。

2回目以降のトレーニングでは、三つのグループそれぞれにあう対応法を学んでいきます。初回に行動をきちんと分類しておくことで、その後も具体的に、実践的に学んでいけるのです。

また、分類を通じて子どもの好ましい行動に気づけるという効果もあります。

今回のテーマ

「行動を分ける」

子どもの行動を「好ましい行動」「好ましくない行動」「許しがたい行動」の3種に分けます。

まとめ・宿題

終了時刻が近くなったら、質疑応答とまとめのあいさつに入ります。最後に宿題が提示されます。

参加者の発言を、スタッフがホワイトボードに書きとめる

「静かにしない」ではなく「電車内を走る」というように具体的な行動をとりあげる

行動はひとつずつあげる。「宿題をやらないでテレビをみて騒ぐ」では長い

参加者が、自分で直接目にした行動をとりあげるのがベスト

「わがまま」などの性格ではなく、「お菓子をねだる」などの行動例をとりあげる

自分が「好ましい行動」と思うことを、ほかの人が同じように考えない場合もあるが、考え方は人それぞれ

HELP!

「好ましい行動」がありません！

発達障害がある子の場合、困った行動が目立ち、「好ましい行動」がなかなか見つからないこともあります。

その場合は気持ちを切り替えて、「当たり前だけど、できている行動」を探しましょう。あいさつができた、おもちゃをしまったなどといった行動です。

好ましい行動を、タイミングよくほめる

二つめのセッションは、好ましい行動をほめることがテーマです。ほめることは、ペアトレ全体の基本でもあります。

2回目以降のセッションは、前回の確認からはじめます。

宿題を発表

セッション1の宿題を参加者全員が発表します。それぞれに実践したことを報告し、ほかの参加者と意見を交換します。

宿題

子どもの行動を3つに分けてみましょう

お名前
お子さんの名前
（　　　）

子どもの行動にはどのようなものがあるでしょうか？
次の3つに分けてみましょう。

☆　行動とは、見たり、聞いたり、数えたりできる具体的なものです。

好ましい行動 今していて、できていて さらに増やしてほしい行動	好ましくない行動 今していて、減らしてほしい行動	許しがたい行動 人を傷つける、物を壊す　など

宿題は、自宅で子どもを見ながら子どもの行動を3種に分け、書き出すこと

好ましい行動の例

●声をかけると宿題をする
●人におもちゃを貸せる
●自分から家事を手伝う
●「ありがとう」と言える
●イライラをがまんできる

好ましくない行動の例

●「クソババア」と言う
●入浴を嫌がってぐずる
●テレビを見続ける
●カバンを部屋に放り出す
●ほしいものを大声でねだる

許しがたい行動の例

●人を思いきりたたく
●危険なところにわざと上る
●「死ね」と暴言をはく
●包丁を持ってふざける
●赤信号を渡ろうとする

Point

「にぎやかなところを嫌がる」「新しい服を着ない」など感覚の過敏性は、脳の機能異常に関連すること。修正する行動とせず、過敏さをやわらげるよう、環境を調整する

今回のテーマ「ほめる」

「ほめる」といっても、言葉でほめることだけを学ぶのではありません。態度で表すこと、ほめ言葉以外で関心を示すことも学びます。それら全体を「肯定的な注目」と言います。

勉強をはじめたらほめる。はじめるだけでもよいことなのだと示すと、子どものやる気がアップ

セッション1で、好ましい行動を理解する

子どもが好ましい行動をしたときに、タイミングよく「ほめる」

好ましい行動をするたびにほめる。各種のほめ方を組み合わせる

子どもが好ましい行動をすることが増える

どのようにほめるのか、知っておく

ペアトレは、ほめることをすべての基礎にしているプログラムです。ペアトレの内容はいずれも、ほめて子どもの自信をはぐくむことを目的としています。

発達障害がある子は、さまざまなことで自信を失い、不安になりがちです。

自分に自信がもてると、できないことを受け入れたり、挑戦しようという意欲も出てきます。

ほめ方のバリエーションを増やす

「ほめる」セッションでは、ほめることの意味と、ほめ方を学びます。ほめ方がわからなくて困っているという人にぴったりです。

「ほめる」の基本

ほめ方の基礎を学びます。姿勢や口調、タイミングなどを確認し、自分のほめ方を見直します。わかりにくい部分は、ロールプレイで実践します。

Point

「25%ルール」でほめる。100%できるまで待たず，できたところをほめる

行動を具体的にほめる。シンプルに、明るい口調で言うとよい

しゃがんで視線を子どもに合わせる。表情もにこやかに

ほめ言葉だけ言えば十分。「次もがんばって」はよけい

背を向けたまま遠くから言うのではなく、体を子どもに向ける

行動をはじめた瞬間にほめる。終わるまで待つのは間違い

おもちゃを片付けはじめたら、すぐにほめる。自分からはじめたのがえらいという気持ちで

子どもによって、適切なほめ方は違う

ほめるのはすべての子どもに共通の、重要なことですが、だからと言って、どの子にも同じ対応

さまざまな「ほめる」

ほめ言葉を使わずに「ほめる」方法も知っておきましょう。態度で示す方法は、とくに子どもの年齢が上がってきたときに有効です。

感謝を伝える。「〇〇してくれて、ありがとう」と言う

子どもの体にふれる。頭をなでる、肩や背中にふれるなど

「〇〇をはじめたね」「もう少しだね」と、経過を表す言葉を伝える

手をふったり笑顔をみせたりして、仕草で「ほめる」を表現

「〇〇がここまでできたんだ、すごいね」とほげます

好ましくない行動をしているときに、好ましい行動のヒントを出す。子どもが気づいたらほめる

家具をこわしたとき、素直にあやまれたらほめる。頭をなでながら、「あやまってくれてありがとう」などと伝える

が適切かというと、もちろんそんなことはありません。

子どもは一人ひとり、性格も感じ方も違います。わが子にとって嬉しいのは、どんなほめ言葉や仕草なのか、それを探すために、さまざまなほめ方を試すのです。

HELP!

ほめる瞬間が全然ありません！

タイミングを気にしすぎて、ほめるチャンスを逃すのは、もったいないことですね。

あまり身構えないで、まずは小さなことに手をふったり、笑顔を見せたりしてみましょう。あいさつができた、ゴミを捨てたなどの小さな「好ましい行動」を探してみてください。

ペアトレ用語
を
かんたん解説

「肯定的な注目」
はほめること

「注目」はパワーの源

　がんばったときに、まわりの誰かが自分の努力に気づいてくれると、うれしいもの。その気づきが「注目」です。

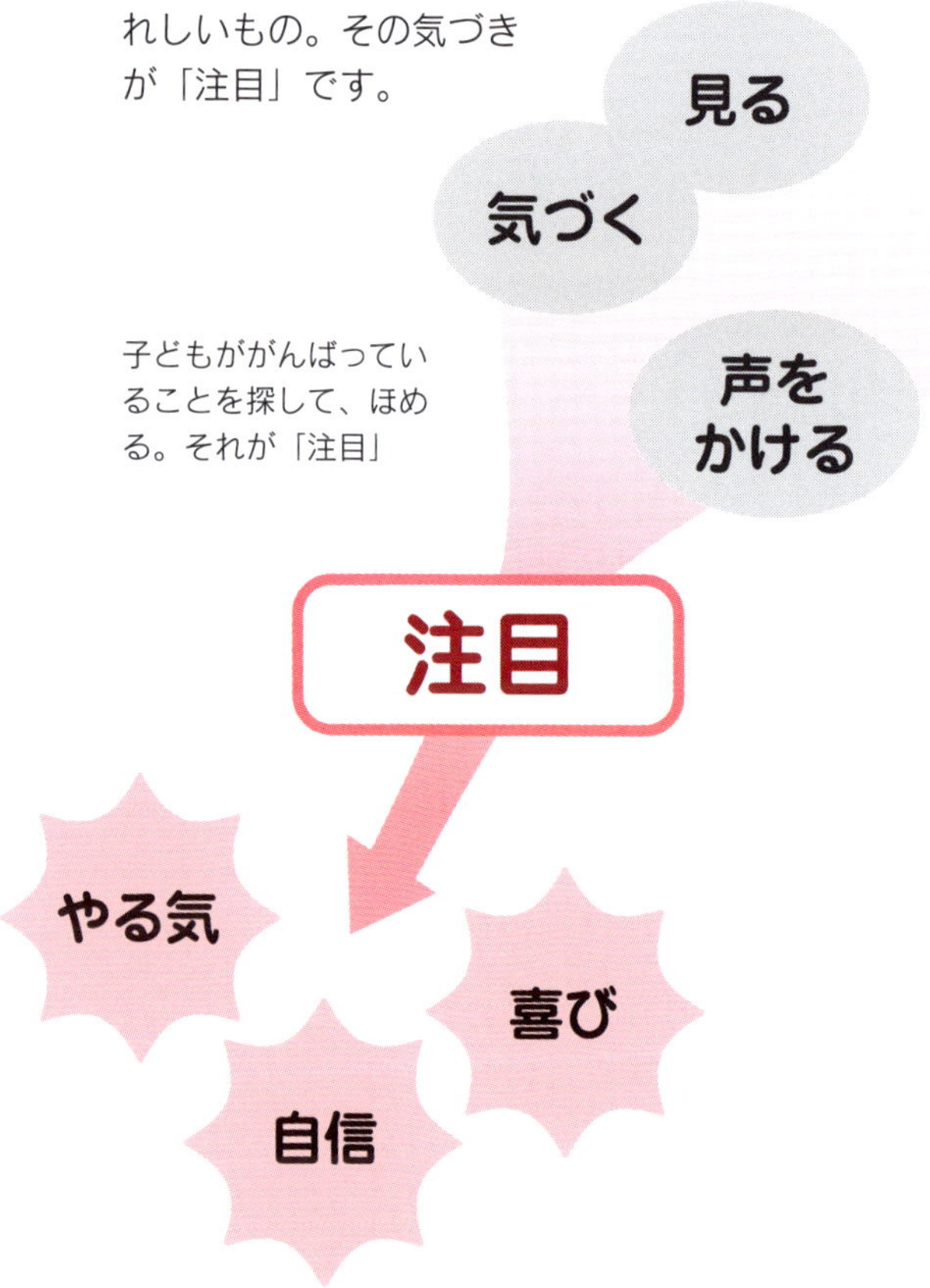

子どもががんばっていることを探して、ほめる。それが「注目」

「肯定的な注目」とは

　ペアトレでは、保護者が子どもの言動になんらかの反応を示すことを「注目」といいます。ほめるのも叱るのも、注目です。

　保護者がほめたり喜んだりすると、子どもはもっとがんばろうとプラス思考になります。それが「肯定的な注目」です。

　いっぽう、叱られた子は「自分はダメだ」とマイナス思考になったり、「こうすればお母さんがかまってくれる」と間違った学習をしてしまいがちです。注目が否定的に働くこともあるのです。

　ペアトレは、肯定的な注目を活用して、よりよい親子関係を築くためのものです。

2 種類の注目がある

注目は大きく2種類に分かれます。子どもの行動を肯定する注目と、否定する注目です。いずれも、子どもの行動に影響を与えます。

肯定的な注目

ほめる、喜ぶ、子どもに感謝する、笑顔を見せるなど。子どもの行動を受け入れて、肯定するときにおこなうこと

否定的な注目

叱る、怒る、非難する、問いただすなど。子どもを注意するときにおこなうこと。否定的な表現だが、それらもひとつの「注目」として機能する

ペアトレでは……

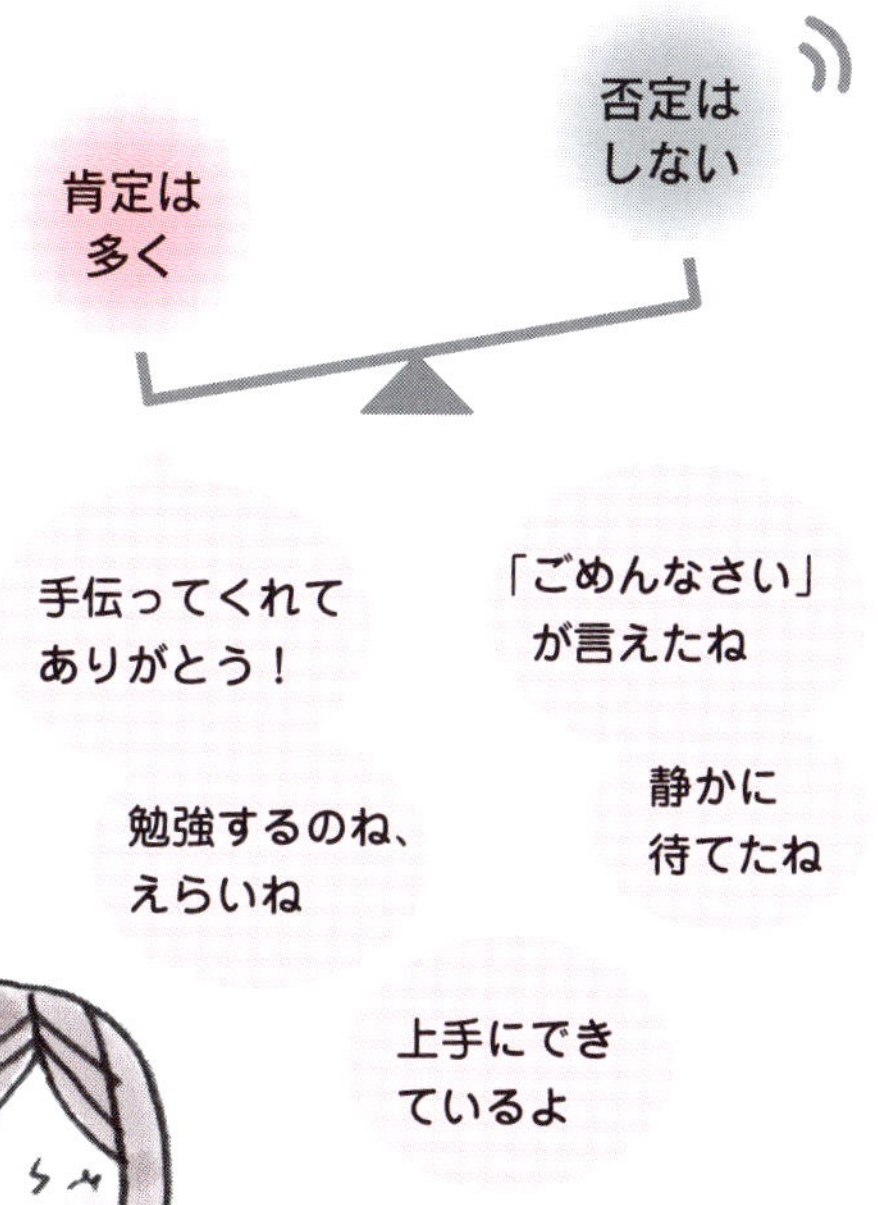
肯定は多く
否定はしない
手伝ってくれてありがとう！
「ごめんなさい」が言えたね
勉強するのね、えらいね
静かに待てたね
上手にできているよ

子どもは「こうすれば親がほめてくれる」と実感する

多くの場合……

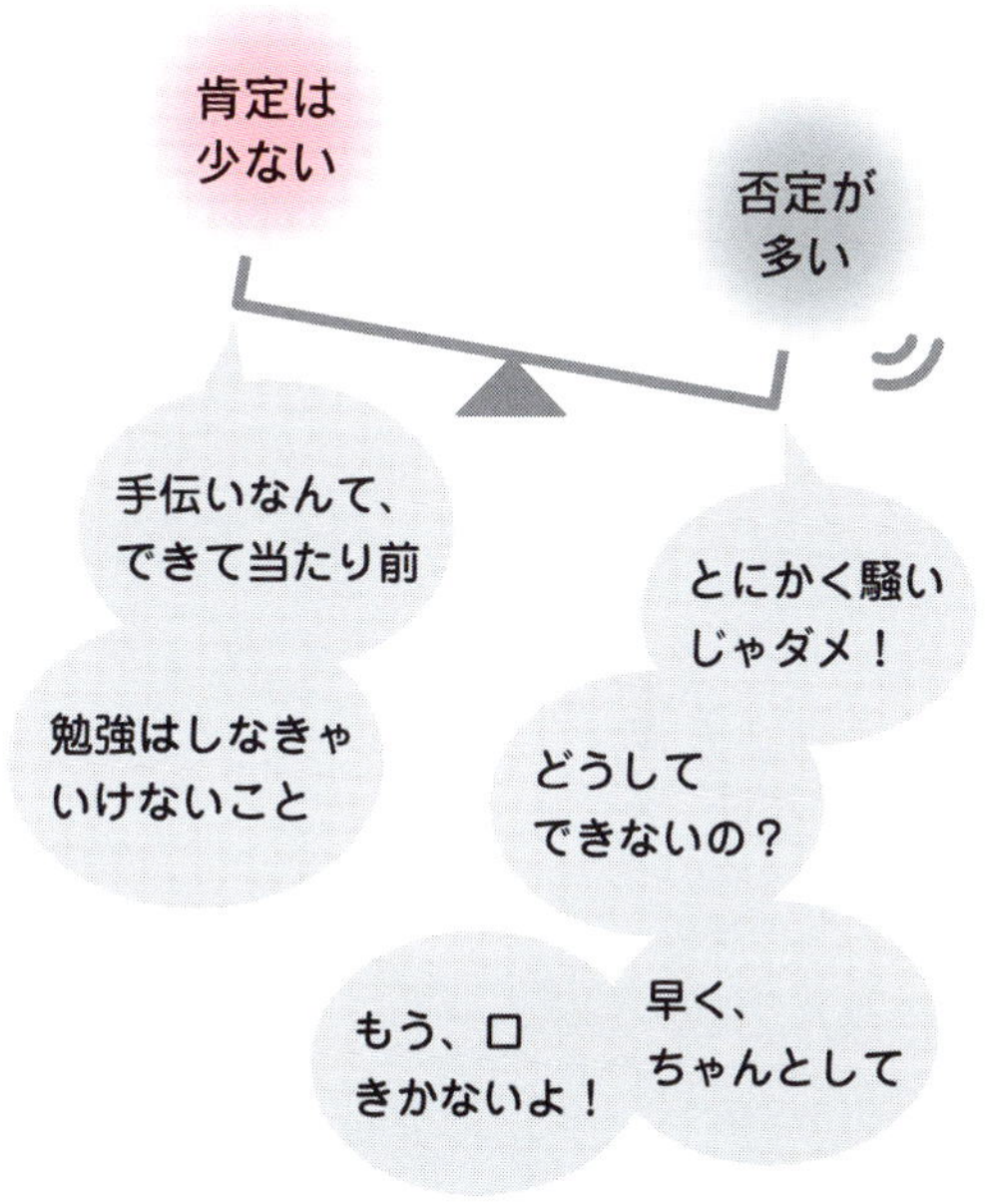
肯定は少ない
否定が多い
手伝いなんて、できて当たり前
とにかく騒いじゃダメ！
勉強はしなきゃいけないこと
どうしてできないの？
もう、口きかないよ！
早く、ちゃんとして

好ましい行動をしても親の反応が返ってこないので、子どもにはそれが好ましい行動だと実感できない。反対に、好ましくない行動をして親の気を引こうとする

親子で遊ぶ、スペシャルタイム

「スペシャルタイム」という自由時間を使ってほめる方法です。セッション2の最後に、特別なほめ方を学びます。

スペシャルタイム

文字通り、「特別な時間」です。親子2人で誰にも邪魔されず、子どもの好きなことをします。

ブロック遊びや積み木など、手を使うこと

サッカーやテニスなど、相手のいるスポーツ

クイズやパズルはよい。テレビゲームは用いない

料理や裁縫など、子どもが好んでいる家事

トランプなどのカードゲーム。対戦形式のもの

スペシャルタイム中は、いっさい指示を出さない。教える時間だと考えないで

好ましい行動に目を向けるチャンス

スペシャルタイムは、子どもがのびのびと遊べる時間です。子どもを注意しない時間帯をつくることで、本人の主体性や、興味・関心が発揮されます。

よけいなプレッシャーがとりのぞかれるので、子どもはいつも以上の能力を発揮します。それをよく見て、どんどんほめましょう。

発達障害がある子は、日頃叱られることが多く、ほめられる体験が不足しがち。ほめる時間が大切です。

最後に質疑応答の時間と宿題の説明があります。セッション2の宿題は子どもの行動をほめて、その結果を記録することです。

スペシャルタイムの設定

父親やきょうだいにはしばらく外出してもらう。スペシャルタイムは2人きりで

子どもに好きなことを選ばせる。ひとりで没頭することはさける

実施する日時を決める。スケジュール帳などに記入する

子どもに日時と内容を予告。見通しを立てられるようにする

時間通りに実施。子どもが自由に活動できるように配慮する

15～20分間、2人きりで遊びましょう！

Point

保護者はいっさい口出ししない。子どもが失敗しても見守る。日時や内容の変更もしない

Point

得意なこと、好きなことをしているときには、子どもがよい面をどんどん見せてくれる

好ましくない行動には、注目しない

3回目は、好ましくない行動への対応を学びます。この対応は、セッション2「ほめる」を知らないと実践できません。「ほめる」とセットでおこなうからです。

①まず、前セッションの確認と宿題の発表です。
↓
②宿題の成果をみんなでねぎらい合います。保護者にも、25%ルールでほめてくれる人が必要です。
↓
③できたことをロールプレイで確認します。

今回のテーマ

「注目しない」

子どもの好ましくない行動にはあえて注目せず、見て見ぬふりをします。好ましくない行動をしても見返りがないため、やめるようになります。

セッション1で「好ましくない行動」とした行動

○

子どもの好ましくない行動に反応しない。見て見ぬふりをする

好ましくない行動では親の関心を引けないことを体験し、行動をやめる

否定的な注目

×

子どもが好ましくない行動をしたら、すぐに近づいて注意する

子どもは、好ましくない行動をとれば親を呼べると感じてしまう

Point

好ましくない行動をやめたら、すぐにほめる

質疑応答と宿題。気になる行動を選び、「注目しない」を実践するのが宿題です。

「注目しない」の基本

子どもをかまわない態度を、具体的に覚えます。呼びかけに答えないだけでは不十分です。ロールプレイで口調や仕草を確認します。

子どものほうを見ない。目を向けるだけでも関心が伝わる

仕草にも注意。眉をひそめたり、ため息をついたりしない

おもちゃを粗雑に扱っていても、あえて注目しない

好ましくない行動には注目しない。一貫した対応をとる

イライラを顔に出さないようにする。がまんが必要

無視というより見て見ぬふり

「注目しない」は、子どもを「無視する」ことでもあります。

ただしそれは、子ども自身の人格を無視する冷たい対応ではありません。あくまでも、好ましくない行動への無視であり、見て見ぬふりです。子どもがその行動をやめるのを待ち、やめたときには「ほめる」の出番です。その点を誤解しないでください。

HELP!

「無視しないで」って言われちゃいます……

「注目しない」対応をとると、最初は子どもの態度が悪化します。よりいっそう騒いだり、「無視しないで」と怒ったりします。そこをがまんして、見て見ぬふりを決めこむ覚悟が必要です。

「ほめる」と「注目しない」を使い分ける

「注目しない」対応をとったあと、どのタイミングで「ほめる」に切り替えればよいのか、判断するのは難しいもの。セッション4ではその点を学びます。

今回のテーマ

「注目と無視」

注目とは、かんたんに言えば「ほめる」こと。「注目しない」に、どのように「ほめる」を組み合わせるか、学びます。

前回の確認と宿題の発表です。「注目しない」のは難しいもの。なぜうまくいかないか、話し合います。

好ましくない行動を見て見ぬふり。行動をした瞬間から、反応しないようにする

子どもが好ましくない行動をやめたときに、さりげなく近づいていって、ほめる

好ましくない行動をやめたあとに、好ましい行動をしはじめたら、さらにほめる

Point

ほめるところまでをひとつの対応として身につける。最後にしてほしい行動をあらかじめ考えておくと、ほめるタイミングをつかみやすくなる

ぐずっている間は反応しない。子どもが自分でお風呂や宿題にうつるまで待ってほめる

質疑応答と宿題。ほめることを意識しながら、もう一度「注目しない」を実践するのが宿題です。

アクションプラン

注目と無視を上手に使いこなせない場合は、一連の流れを紙に書いて整理してみましょう。いつ無視するか、いつほめるかの計画表です。この手法を「アクションプラン」と言います。

家族といっしょに書くとよい。感情的にならず、客観的に計画を立てられる

とくに改善したい行動を、リストアップ

いつどこで起きるか、どんな行動に変えたいか、書く

注目しないでがまんするためのイライラ対策を書く。家事に没頭するなど

うまくいったときのほめ方を書き、練習しておく

アクションプラン完成!

無視するより注目に重点を置く

あえて子どもをかまわないことで、行動の改善をはかるのが、セッション3と4の骨子です。

ただし、無視するだけでは子どもを困らせます。「注目しない」ことに集中しすぎないで、そのあとの「ほめる」に重点を置き、好ましい行動を示しましょう。

無視することで関係が険悪になった場合は「○○するまで話しません」と宣言し、代わりにしてほしい行動を示します。とくに自閉症スペクトラムの子には仕草による意思表示が通じにくく、言葉や文字による明確な指示が必要です。

Q 使いたい言葉と、使ってはいけない言葉とは？ &A

使いたい言葉

- 「○○」することができたね、えらいね
- 「○○」してくれて、ありがとう
- 「○○」する時間ね、「○○」しよう
- 今日の宿題はなあに？（気づいてみせるだけでもよい）
- ずいぶん進んだね、その調子その調子
- もうそろそろ終わるね、あと少しだね
- 「ばばあ」って言うなら、話を聞きません
- 私も「むかつく」って言わないようにするね

役立ちそうな言い方を見つけたらメモをとるというのも、よい方法

Q 気のきいたほめ言葉が思いつきません……

A 子どもを感動させるような、優れたほめ言葉を考える必要はありません。

ほめるときには、子どもが、自分のどの行動がほめられたのか、はっきりわかるように、具体的に伝えましょう。

「机の上をきれいに片づけて、えらいね。お母さんうれしいわ」という具合です。

Q 自分の言葉づかいが汚いのはどうすれば？

A 子どもが許しがたい行動をとったときや悪態をついたとき、とっさに乱暴な言葉で注意することは、誰にでもあります。完全になくすのは難しいことです。

汚い言葉を子どもがまねしてしまって気になる場合には、子どもといっしょに「使いたくない言葉」のリストをつくり、お互いにそのルールを守るようにしましょう。

Q つい強く叱ってしまいます。自分をおさえるコツは？

A 「やめなさい！」「なにしてるの！」などと強い口調で子どもを叱ってしまうのは、たいてい、イライラしたときです。数分でよいので、子どもから離れてリラックスする時間をとりましょう。

イライラしたら、子どもにどの行動が嫌なのか、具体的に伝えてください。その宣言をしたうえで、別室にこもり、好きなことをします。子どもがぐずっても、注目しないことがポイント。自分がリラックスすると同時に、セッション3の「好ましくない行動には、注目しない」を実践するのです。

Q 学んだことがいかせないのは、なぜでしょう？

A ペアトレの内容すべてを、すぐに生活にいかすのは、難しいでしょう。変化はゆっくりと起きます。できたと思ったら、翌日にはまた失敗するというように、行きつ戻りつするのがふつうです。

なかなか効果が出なくても、子どもに「なんでできないの」「この言い方でもわからない？」などと、プレッシャーをかけないようにしましょう。

使いたくない言葉

- 早く「○○」しなさい　→命令形ではなく「〜します」に
- どうしてそんなことするの？
  →理由を問いただす必要はない。好ましくないことだと示せばよい
- 赤ちゃんじゃないんだから
  →小言や不満は子どもを傷つける
- 「△△」しないと「××」できないよ
  →否定形ではなく「〜すると〜できる」に
- もう！　悪い子ね
  →好ましくない行動を示す。子どもを悪く言わない
- このくらいやってよ〜
  →できないことをとがめない。できることを伝える
- お兄ちゃんはやっているよ　→きょうだいと比べない
- ちゃんとしなさい！
  →言い方があいまい。具体的に指示する

母と父の足並みがそろわないと、トレーニング効果も半減

完璧な話し方は誰にもできません。例を参考に、できる範囲で気をつけましょう。

セッション 5

静かにおだやかに指示をする

セッション5では、子どものやる気を引き出す指示の出し方を学びます。指示のポイントがわかると、子どもに指示することがぐんと楽になります。

今回のテーマ

「指示をする」

ほめることだけで、子どもに「好ましい行動」を伝えるのは、難しいもの。ほめることに加えて、わかりやすい指示の出し方も覚えましょう。子どもとコミュニケーションをとりやすくなります。

前回の確認と宿題の発表。セッション3と4で二度同じ宿題をすることで「注目しない」が上達します。

イライラして指示をするのはよくない。指示は落ち着いて出す

具体的に。「ちゃんと」は禁止。「○○しよう」と行動を示す

内容が的確でも、指示が長いと通じない。ひとつの行動を示す

指示にそって行動できたらほめて、自信をもたせる

複数の指示を出すのも、よくない。前の指示を忘れてしまう

帰宅してすぐにアイスを食べようとする子に、好ましい行動をとってもらうために指示を出す

Point

言葉の指示だけでは理解が難しいことも。発達障害がある子には、字や絵で視覚的に指示するのもよい

CCQで指示

指示を出すときの、3つの大事なポイントを学びます。

「指示」を予告する

指示が通らないときには、予告を活用します。とくに、作業の見通しを立てるのが苦手な子に有効です。「○分後に」「あと×回で」と言うことで、行動を切り替えるための準備期間ができます。

質疑応答と宿題。宿題は指示の結果の記録です。

Calm（おだやかに）。言うことを聞かないときこそ、気持ちを落ち着けて

反発されても同じ指示を繰り返す（ブロークン・レコード*）。子どもに真剣さが伝わる

Close（近くで）。遠くから声をかけても伝わらない。近づいて目を見て言う

「いますぐやめなさい」では子どもも嫌がる。「あと何分で終わりね」と予告すると、伝わりやすい。とくに自閉症スペクトラムの子は安心する

Quiet（静かに）。怒鳴らない。適切な指示は静かな声でも伝わる

真剣だということを子どもに伝える

指示は、真剣に伝えてください。あいまいな言い方や、やらなくてもよさそうな雰囲気では、子どもも真剣にとりくみません。

指示を出すのは、子どもに好ましい行動を身につけ、自信をつけてもらうため。そのためには、まず親が自分の指示に自信をもつことが必要です。

HELP!

言わなくてもできる子に育てたいんです

指示しなくてもできることは、それでよいでしょう。でも、なんでも主体的にできる子などいません。

本人の力では難しいことには、指示を出し、作業しやすい状況を整えることもいまは必要です。好ましい行動を示せば、いずれは言わなくてもできるようになります。

＊こわれたレコードが何度も同じ音を再生するのと同じように、同じ指示を繰り返すこと

子どものやる気を引き出す

セッション6と7では、子どものやる気を引き出す方法を学びます。本人が自分から好ましい行動をとったり、家族に協力したりできるように支援します。

前回の確認と宿題の発表。CCQや予告を使うことで変化はあったか、話し合います。

質疑応答と宿題。今回も、指示が宿題となります。

今回のテーマ

「選ばせる」

指示のコツをもうひとつ学びます。子どもに選択肢を示す方法です。指示に反発しがちな子に、自分で行動を選ばせます。

お花のバッグを使う？
それとも、いちごのバッグ？

「バッグを持ちなさい」と言うより、「どっちを持っていく？」と聞くほうがよい

「自分でやる？　○○（弟や妹）といっしょにやる？」と聞く

「いまお風呂に入る？　10分たったらにする？」と聞く

子どもが答えないときは

「じゃあお母さんが選ぶよ。それとも自分で選ぶ？」と聞く

セッション 7

前回の確認と宿題の発表。「選ばせる」対応の感想です。

今回のテーマ「チャートをつくる」

ペアトレ式の表「BBC（Better Behavior Chart＝よりよい行動の表）」をつくります。

質疑応答と宿題。チャートをつくるのが宿題です。つくるだけでかまいません。

子どもをほめるための指示やチャート

セッション6と7で学ぶのは、子どもが好むような選択肢やチャートの示し方です。本人が自分からやってみようと思えるような環境をつくります。

セッション7では、子どもにとってわかりやすいスケジュール表をつくります。

登校前や帰宅後などの忙しい時間帯の行動を表にすることで、子どもはスムーズに行動できるようになります。親も小言を言う必要がなくなって、楽になります。

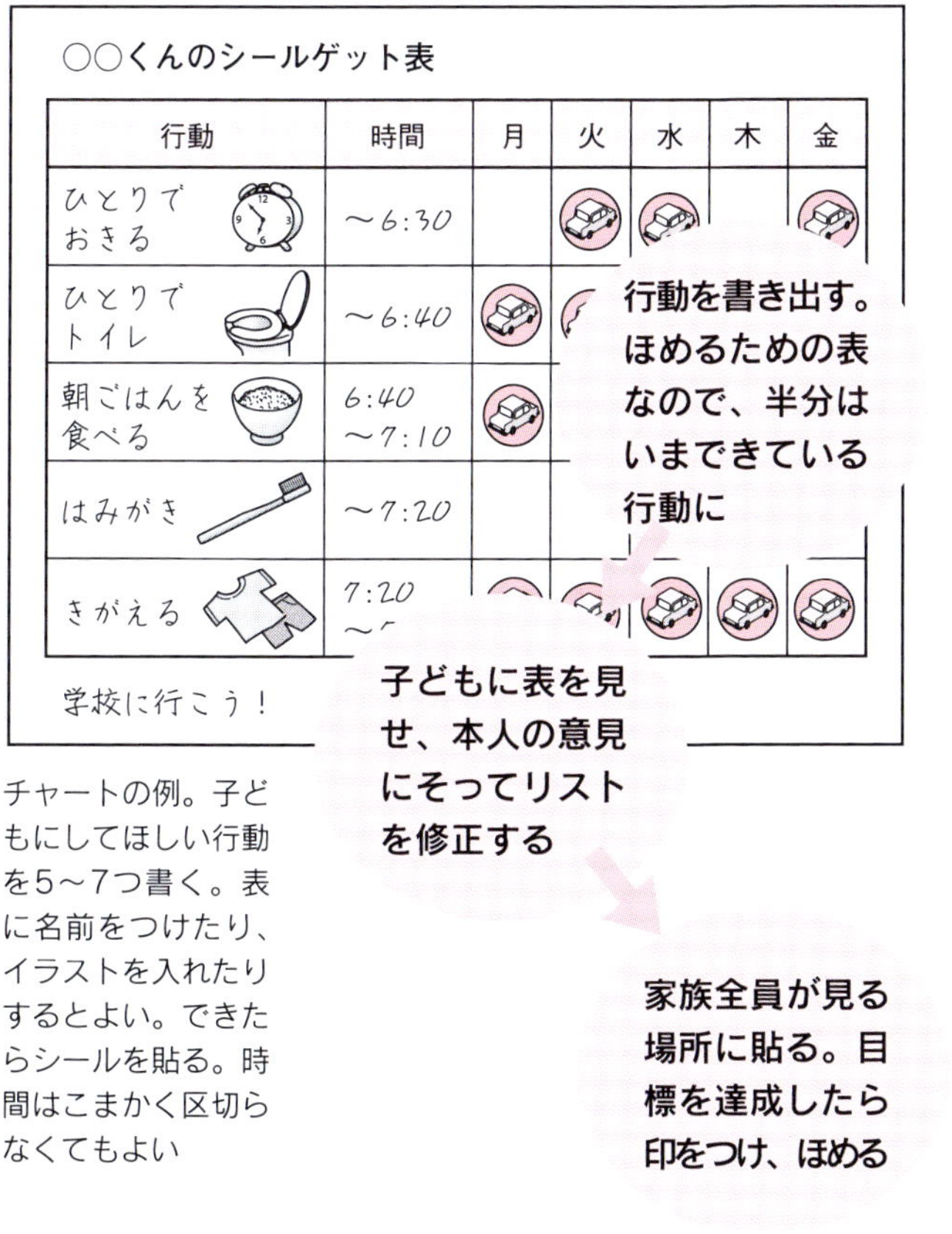

○○くんのシールゲット表
行動
時間
月
火
水
木
金
ひとりでおきる
～6:30
ひとりでトイレ
～6:40
朝ごはんを食べる
6:40～7:10
はみがき
～7:20
きがえる
7:20～
学校に行こう！
行動を書き出す。ほめるための表なので、半分はいまできている行動に
子どもに表を見せ、本人の意見にそってリストを修正する
家族全員が見る場所に貼る。目標を達成したら印をつけ、ほめる

チャートの例。子どもにしてほしい行動を5～7つ書く。表に名前をつけたり、イラストを入れたりするとよい。できたらシールを貼る。時間はこまかく区切らなくてもよい

ペアトレ用語
を
かんたん解説

「トークンシステム」で やる気アップ！

ポイントカードのようなもの

トークンは、がんばった結果を形にするものです。ポイントカードをイメージするとわかりやすいでしょう。努力の結果が少しずつたまっていくので、達成感が得られます。

「トークンシステム」とは

子どもが指示にそって行動できたときに、トークン（代用貨幣）を渡す方法です。トークンをためると特典と代えられるシステムをつくって、子どものやる気を保つことに役立てます。「ポイントシステム」とも呼びます。

特典の内容は、事前に決めておきます。結果が形になるので、ほめ言葉だけでは達成感が伝わりにくい子に効果的です。

努力すれば特典が得られるとわかると、子どもは意欲をもちやすくなります。そして、成功を重ねるうちに、行動すること自体が喜びになり、特典がなくてもがんばれるようになっていきます。

ペアトレでトークンシステム（ポイントシステム）を活用するときには、紙に表を書き、そこにシールや印をつけてポイントを示す方法などが用いられている

トークン（token）は代用貨幣、記念品などを意味する英語。それ自体には意味がないが、ためると特典が得られる

特典は、ものではなく機会

特典の選び方には注意が必要です。おもちゃや食べ物を使うと、子どもの希望が高価なものに向かいがち。行動や機会を特典にしましょう。トークンをためると特典が得られるようにして、必要なポイントを具体的に示します。

テレビや映画を観る。番組1つ、DVD1枚などの決まりをつくる

お菓子づくりや料理など。事前に希望メニューを聞いておく

親子で出かける。高価な旅行ではなく、近所への外出でよい

ノートなどに花丸や星印、シールをつける。つけながらほめる

お菓子づくりが好きな子にとっては、親子でクッキーをつくることが特典になる

トークンを使う

子どもと話し合って、トークンによるポイント制を設定。親子で共通の目標をもつ

↓

達成感がある

目標をクリアしたら、ほめながらトークンをプレゼント。達成感や喜びを感じられる

↓

もめごとが減る

一連のやりとりを通じて、親子関係がより親密になる。もめごとが減っていく

HELP! にんじんをぶら下げるようで抵抗があります

トークンをごほうび、報酬だと考えると、子どもをものでつるような感じがして、抵抗を感じるものです。

特典は、ゴールをわかりやすく示したものです。特典が主役ではなく、目標達成に向けて親子でがんばること、達成したときにほめることが大切です。

許しがたい行動の防ぎ方を覚える

ほめても見て見ぬふりをしても、適切な指示をしても、子どもの行動が改善しないときには、行動に制限をかけます。最終手段です。

どうしても直らない行動への対応

どうしても直らない、許しがたい行動には、制限が必要です。

子どもが、してはいけない行動をしたり、しなければならない行動をしなかったりしたときに、その責任をとらせる意味で、警告やペナルティによって、行動を制限するのです。

ただし、制限は子どもを傷つけることのない、一時的な制限にしてください。また、許しがたい行動と無関係な制限ではいけません。なにがいけないのかわかるように示し、自分の行動に自分で責任をとらせるようにしましょう。

前回の確認と宿題の発表。チャートをつくった結果です。

行動の内容や難易度がうまく設定できているか、話し合います。表を実際に使用できた人がいたら、その感想を聞きます。

表を修正し、帰宅したら子どもに見せ、実践します。

セッション8の「制限する」は、指示が伝わらないときに用いる最後の手段です。ほかの方法が優先されることを、確認します。

いままで学んだことをふり返る

今回のテーマ
「制限する」

セッション1で許しがたい行動に分類したことへの対応です。許しがたい行動でも、ほめて改善する場合は制限しません。そうでない場合に、警告とペナルティによる制限が必要になります。

質疑応答と宿題。チャートの宿題の続きです。チャートを子どもに見せて、実践します。

好ましくない行動や許しがたい行動は「注目しない」で見守る。それでやめたら「ほめる」

Point

制限しすぎないことが重要。「食事抜き」「1日会話しない」では厳しすぎる。時間を区切った一時的な制限がよい

「ほめる」や「指示をする」でも改善しなければ警告を出す。そこでやめたら「ほめる」

警告の例

- テレビを切らないと、8時から1時間禁止よ
- 家の中でボール遊びをするなら5分間とりあげます
- 7時までにお風呂に入らないと、ゲームがマイナス10分ね

警告にも従わないときには、ペナルティ（罰）を与える

最初は指示を出す。それでも従わないときに、制限する

ペナルティの例

- テレビを見たいと言っても、宣言通り1時間禁止する
- 少し待って、ボールをとりあげる
- ゲームの時間を10分減らす

ペアトレ用語をかんたん解説

刺激をとり去る「タイムアウト」

「タイムアウト」とは

「タイムアウト」とは、特定のものや行動を一定期間（タイム）、とり去る（アウト）ことです。子どもの行動を制限する方法のひとつとして、用いられます。

注意しても子どもが許しがたい行動をやめず、しなければならないことをしないときなどに、タイムアウトを使います。

遊び道具を一時的にとりあげたり、子どもを数分間、別室に連れていったりします。

刺激をとり去り、静かな環境にすることで、子どもが落ち着きます。時間がきたら、「タイムアウトはおしまい」とだけ言って、終わりにしましょう。とくにADHDがある子に効果的な対応です。

一時的な制限

タイムアウトは、一時的な制限です。5分程度にとどめてください。タイムアウト用のスペースをもうけるのもよいアイデアです。

刺激をとり去る。おもちゃを置いたままでは制限にならない

時間はごく短く。最大でも5分程度におさめるようにする

場所を変える。部屋を移動すると、気持ちを切り替えやすくなる

力ずくで制限してはいけない。事前に子どもと相談し、納得してもらう

「タイムアウトのときは、寝室でイスに座る」などの決まりをつくる

あらかじめ伝えておけば、子どもは文句を言いながらも、タイムアウトに従える

タイムアウトの流れ

　許しがたい行動をとったとき、その場でいきなりタイムアウトだと言っても、子どもを混乱させるだけ。前もって準備をしておき、子どもに予告をしましょう。

家族や子どもと相談しながら、タイムアウト用の場所と制限時間を決める

許しがたい行動に「やめなさい。○○しないとタイムアウトよ」と警告を出す

警告を出した段階で子どもが指示に従い、行動を変えたらほめて終了

警告に従わない場合、タイムアウトをする。所定の場所に連れていく

Point

説教をしない。なにが許しがたい行動か示すのはよいが、反省をうながすのはよくない

制限時間がきたら終了。子どもが文句を言っていても、時間で区切って終わる

Point

終了後によけいなことを言わない。「わかった？」「もうしないのよ」などの念押しは、子どもをいらだたせる

HELP!

外出先でもタイムアウトできますか？

　外出先では刺激が多く、タイムアウトをするのが難しい場合があります。落ち着ける場所を探すのも、かんたんではありません。

　条件が合わないときにはタイムアウトにこだわらず、指示をすることや、通常の制限（五四ページ参照）で対応しましょう。

連携の仕方も知っておく

9回目、10回目のセッションでは、学んだ内容の確認をするとともに、園、学校との連携などについても、話し合っていきます。

前回の確認と宿題の発表。チャートを使った結果の報告です。

記入の終わったチャートを貼り出して、各自発表します。あらためて行動の難易度を確認するとともに、うまくほめることができたか、話し合います。

セッション7·8のあと、自宅でチャートをつくり、使ってみてどうだったか、セッション9の最初に話しあう

Point

家族全員に協力してもらう。目標を達成したら、父親やきょうだいからもほめる

家庭では冷蔵庫などにチャートを貼る。父親もチャートを見て、丸印がついていたら子どもをほめる

ラスト1回は全体のまとめに入る

9回目のセッションでは、保育園・幼稚園や学校との連携をテーマにします。

ただ、教育関係の話題には、各家庭の教育方針や園・学校側の理解度など、さまざまな要素が影響するため、参加者全員で対応を統一することができません。

連携の仕方については、参加者それぞれの状況に応じて、調整します。

連携について話し合いながら、これまでの内容を確認するのが、9回目の流れです。10回目も、確認が中心となります。最後の1回は全体のまとめ。聞きたいことは遠慮なく質問しましょう。

セッション10

前回の確認。チャートや連絡シートについて参加者から報告があれば、その点を話し合います。

今回のテーマ
「まとめ」

ペアトレ全体をふり返ります。書類などを見ながら、セッション1からの流れを再確認し、同時に質疑応答もおこないます。

参加者全員が、ペアトレに参加した感想を発表します。リーダー、保護者ともに成果を実感できる瞬間です。

リーダーがまとめのあいさつをします。修了式や修了パーティーをおこない、修了書を渡す場合もあります。

セッションを終えた保護者の多くが、修了後も携帯電話などで連絡をとりあい、交流している

質疑応答と宿題。引き続きチャートの実践です。連絡シート（60ページ参照）を使いたい人は、それもチャレンジしましょう。

今回のテーマ
「連携をとる」

子どもが通う園や学校と連携をとれれば、より暮らしやすい環境がつくれます。現実的に、どのような方法で連携がとれるのか、考えていきます。

いまできている連携を発表。メールでのやりとり、発達障害の相談など

今後、実現したい連携について話し合う。連絡シートの利用など

園や学校以外の機関との連携を考える。経験者は発表する

まずはペアトレで知り合った保護者との連携をとることからはじめてもよい

いますぐ使える！

学校との協力に欠かせない、連絡シートの例文

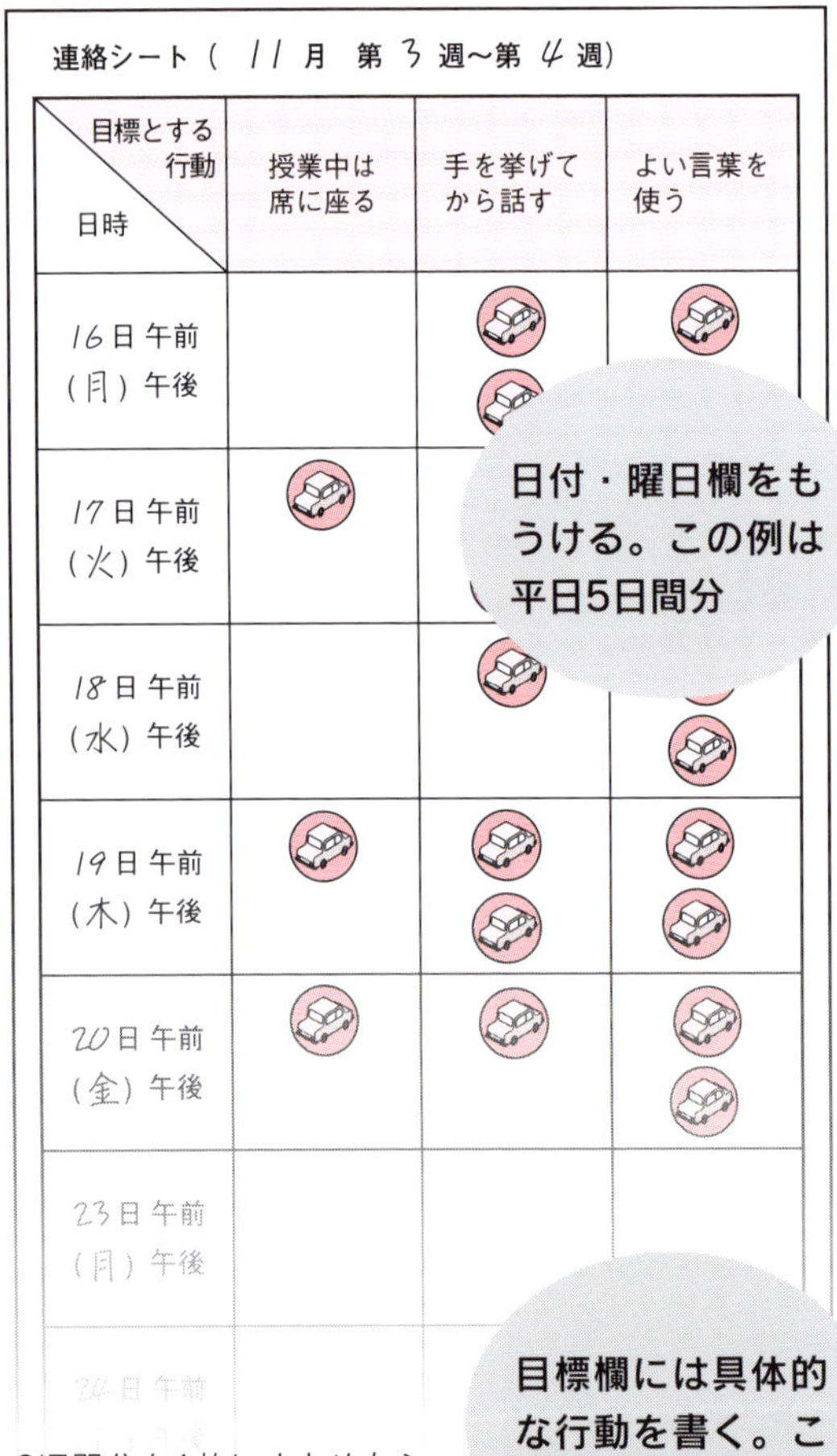

連絡シート（ 11 月 第 3 週～第 4 週）

目標とする行動 ＼ 日時	授業中は席に座る	手を挙げてから話す	よい言葉を使う
16日 午前 （月） 午後			
17日 午前 （火） 午後			
18日 午前 （水） 午後			
19日 午前 （木） 午後			
20日 午前 （金） 午後			
23日 午前 （月） 午後			
24日 午前			

日付・曜日欄をもうける。この例は平日5日間分

目標欄には具体的な行動を書く。この例は行動3つ分

2週間分を1枚にまとめたシート。シールなどを使う

シートのつくり方

1 目標を選ぶ

学校でしてほしいことをリストアップ。先生と相談して、現実的な目標を挙げていく

2 バランス調整

リストから3～5個の目標を採用。難しいことばかりではなく、できていることも混ぜる

3 具体的に書く

「ちゃんと話を聞く」というような曖昧な表現はさける。「授業中は先生の話を聞く」と、具体的な行動に

子どもができることを家族も教師も知っておく

学校と連携をとると、子どもの勉強面や集団生活の面の困難がよく見えて、より対応しやすくなります。保護者と教師が子どもの情報を共有して、共通の対応をするというのが、理想です。

ただ、学校側の対応はまちまちで、協力を頼みにくい場合もあります。担任の教師の理解度や忙しさなどを確かめてから、連携をとりましょう。

連絡シートを渡すのが難しければ、もともと使っている連絡帳などにコメントを書いてもらうという方法もあります。

連絡シート　11 月　24 日（火）

目標とする行動	授業中は席に座る	手を挙げてから話す	よい言葉を使う
午前	○	△	○
午後	○	○	

コメント

連絡シート　11 月　25 日（水）

目標とする行動	授業中は席に座る	手を挙げてから話す	よい言葉を使う
午前			
午後			

コメント

連絡シート　（木）

目標とする行動	授業中は席に座る	手を挙げてから話す	よい言葉を使う
午前			
午後			

コメント

連絡シート　11 月　27 日（金）

目標とする行動	授業中は席に座る	手を挙げてから話す	よい言葉を使う
午前			
午後			

日付・曜日欄をもうける。1枚に何日分入れてもよい

この例も行動は3つ。先生の負担を考慮している

毎日1枚ずつ使うシート。下校時に先生に記入してもらい、切りとって持ち帰る。「授業中立ち歩かない」などと、禁止することを目標にしないように注意

シートの使い方

4 先生が書く

学校での様子を先生に見てもらう。通級や特別支援学級には頼みやすい

5 子どもが受けとる

シートは子どもが受けとる。忘れがちな場合はメールやファックスなどで送ってもらう

6 子どもをほめる

シートを見て、子どもをほめる。先生が協力的な場合は、先生からもほめてもらう

コラム

ペアトレのいま
父親も参加している

Point

両親が共通理解をもてるのが最大のメリット。母親が忙しいときに父親が対応できる

男性ならではの意見が、対応のヒントになることもある

父親が参加すれば効果はさらにアップ

ペアトレに参加している保護者の八、九割は、母親です。父親が参加する例も増えていますが、多くはありません。父親がペアトレを理解すれば、家庭での対応に一貫性が出ます。父親もぜひ参加を検討してください。

参加が難しい場合には宿題に協力を

参加できない場合には、ほかの方法で貢献しましょう。トレーニングを実践して、記録をとる宿題に、ぜひ協力してください。父親がレジュメを読み、宿題に参加すれば、父親はペアトレを理解でき、母親の負担が減ります。

3

確認・反省をしながら、ゆっくり学びます

10回のセッションを終えると、いくつかの手法が身につき、いくらか自信がつくものです。でもそれは、はじまりにすぎません。学んだ内容を確認しながら、続けていくことが大切です！

学びのポイント

約半年かけてゆっくり進める

ペアトレは半年間かけてゆっくり学ぶプログラムです。事前の準備や修了後のフォローセッションも丁寧におこなう場合は、さらに長丁場になります。じっくりとりくみましょう。

全体の流れ

ペアトレの進め方には、既定の順序があります。セッション1から10までを順番におこなうのが大前提です。開催前の面接やフォローセッションは、実施しない場合もあります。

事前面接

セッション1
全体説明と自己紹介

セッション2〜セッション9
好ましい行動をほめることを学ぶのが、主要なテーマ。好ましくない行動に注目しないこと、許しがたい行動を制限することも学ぶ。2回目から9回目は、全体でひとつの流れになっている。確認・復習を繰り返すため、内容が重複したり前後したりする

セッション10
まとめと修了式

都合があえば
フォローセッション

セッションは約6ヵ月。面接やフォローを入れると8ヵ月〜1年程度に。

アンケートに答えることで、自分と子どもの進歩が実感できる

Point
1回目と10回目に同じアンケートに答える場合がある。対応の自信を聞く形式、子どもの行動を聞く形式など、さまざまな方法がある

実際の流れ

規定ではセッション1から10までを順序よく学んでいくことになっていますが、多くの場合、そう順調には進みません。できたりできなかったりの繰り返しです。スムーズにいかなくても、心配しないでください。

トレーニングどおりに進まないこともある。不安なときはリーダーにどんどん質問する

順調に上達していかなくてもよい

ペアトレに参加すれば、すぐに生活に変化が出るかというと、必ずしもそうではありません。本やレジュメに書いてあるとおりに状況が改善しなくても大丈夫です。トレーニングで学んだことを実践していくうちに、変化はゆっくり現れます。劇的な効果を期待せず、じっくり進めましょう。

大切なのは、途中であきらめないこと。一歩一歩進んでいけば、必ず親子ともに楽になる瞬間がきます。親子関係をゆっくり軌道修正しているのだと理解して、根気強くとりくんでください。

Point

3歩進んで2歩さがるイメージ。ゆっくり学んでいく。わからなくなったら前のセッションを確認するのもよい

Point

トレーニング後に学んだことを持続していくのが難しい。保護者同士のつながりやフォローセッションを活用して、流れが切れないようにしたい

学びのポイント

確認・実践・反省を繰り返して学ぶ

ペアトレは、確認を重視しています。子どもの行動と、その対応を一つひとつ確認することで、子育ての形が少しずつ、できていきます。

最初はみんな手探り

誰もが最初は子育ての仕方に迷います。なにをほめればよいのか、その基準は、時間をかけないとつくれません。確認を繰り返しながら、自分らしい子育てを考えていきましょう。

不安

行動を分類せず、気がついたときに「えらいね」とほめるという接し方では、対応があいまいで、子どもにとってはわかりにくい

あせり

戸惑い

混乱

確認

ペアトレでは各セッションのはじめに、前回のセッションの内容を確認する。それによって理解が深まる

実践

学んだことを宿題として実践する。また、セッション中のロールプレイでは自分の話し方や態度の問題点を確認できる

反省

リーダーへの質疑応答の時間や、保護者同士の会話を通じて、子育ての反省ができる。アドバイスももらえる

母親同士で話し合っているうちに、より適切な接し方に気づくこともある

じょじょに確かなものに

確認や反省を積み重ねていくうちに、子どもへの対応が具体的に、実践的に変化していきます。あいまいな対応は減り、親子ともども、混乱しにくくなります。

「朝、子どもが自分で起きてきたらほめる」という基準ができあがる。自然にほめ言葉が口に出る

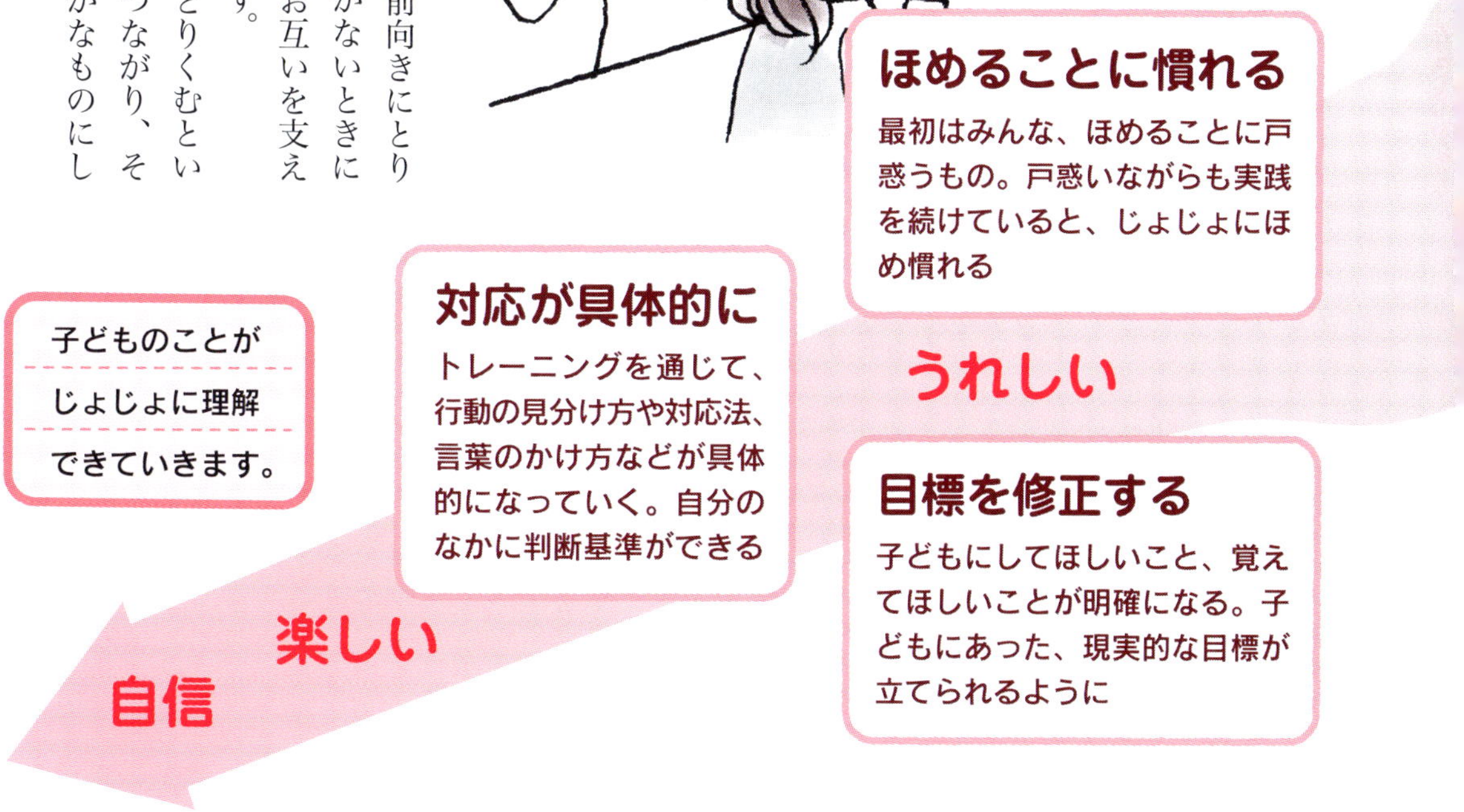

ほめることに慣れる
最初はみんな、ほめることに戸惑うもの。戸惑いながらも実践を続けていると、じょじょにほめ慣れる
うれしい
目標を修正する
子どもにしてほしいこと、覚えてほしいことが明確になる。子どもにあった、現実的な目標が立てられるように
対応が具体的に
トレーニングを通じて、行動の見分け方や対応法、言葉のかけ方などが具体的になっていく。自分のなかに判断基準ができる
楽しい
自信
子どものことがじょじょに理解できていきます。

ねぎらい合う仲間と出会える

ペアトレのよいところは、確認や実践、反省といった子育ての大切なプロセスを、仲間といっしょに進めていける点です。

反省するという行為は、心細く、不安なことですが、仲間がいればいくらかは明るく、前向きにとりくめます。うまくいかないときにも、ねぎらい合い、お互いを支えながら進んでいけます。

数人でいっしょにとりくむということが、安心感につながり、それが子育てをより確かなものにしていくのです。

学びのポイント

失敗したら、いつでもやり直せばよい

ペアトレは、保護者を支援するためにおこなわれています。失敗しても大丈夫。リーダーや仲間が支えてくれます。まわりに相談しながら、とりくんでいきましょう。

失敗はしてよい

子育てに正解はありません。ペアトレも正解ではなく、ひとつのヒントです。うまくいかないこともあります。失敗を気にやまないで、そこからまた進んでいきましょう。

セッション中はできたことが、生活のなかではあせってしまって、うまくいかない

ほめたのに嫌がられるなど、予想外の反応が返ってきた。学んだことと現実が違う

ペアトレを理解できていたつもりだが、子どもをほめずに、怒鳴りつけてしまった

学んだとおりの方法でほめたのに、子どもが恥ずかしがって反発。いったいどうすればいい？
OK

欠席はしてはいけない

トレーニングと実践を続けることで、親子の生活が変化します。途中で遅刻・欠席をすると、せっかくの変化が一度切れてしまいます。

欠席はさける。欠席したら次回までにリーダーやほかの参加者と会い、内容を把握する

宿題には必ずとりくむ。家庭での実践をリーダーに報告してアドバイスを受け、次回にいかすところまでがペアトレ

遅刻もさけたい。ペアトレは集団で進めるプログラム。遅刻すると学ぶチャンスを逃す

NG

いくらでもやり直せる

全10回の集まりがもうけられているため、失敗しても、リーダーや仲間にいつでも相談できます。ペアトレには、悩みの受け皿としての機能もあるのです。

セッションには必ずリーダーが出席している。うまくいかない点を相談して、どんどん意見をもらおう

Point

ヒントをたくさんもっているリーダーがいるので、なにごとにも具体的なアドバイスが得られる。その機会を十分に利用して

フィードバック

リーダーからアドバイスを受け、それを生活にフィードバック。結果をまたリーダーに報告。この相互性がペアトレの魅力

全員で話し合う

グループで話し合う。数人の知識や経験が集まり、予想外の展開への対処法を、経験者から聞ける場合がある

再チャレンジ

間違えたらやり直せばよい。完璧主義にならないよう、少し余裕をもってとりくんでいこう

いつかは自分をほめられるように

子どもをほめて育てると、子どもの自尊心がはぐくまれます。子どもが自分のよい面に気づき、それを伸ばそうと努力します。また、努力の結果をみて、自分をほめられるようになっていきます。

それこそが、ペアトレの目指すゴールなのです。

HELP!

学んでもうまくいかず、参加するのがつらいです

うまくいかないのは、悪いことではありません。あなたのせいでもありません。そこから学べることがあります。参加を続けてください。

リーダーやほかの参加者と相談しながら、別の方法を試してみましょう。試行錯誤をするうちに、方向性が見えてくるはずです。

Q&A トレーニングしてもうまくいかないのはなぜ？

～子どものほうが一枚上手編～

Q うそをつくのはやめさせるべき？

A やめさせたいところですが、すぐには難しいでしょう。じっくり対応してください。

子どもが正直に発言したときにほめることが、うそをやめさせるためのベストな対応です。「本当のことを言ったほうがいいんだ」と感じられる体験をさせます。

うそをつかれたとき、怒ったり驚いたりすると「否定的な注目」になります。「家具をこわしたら、お父さんにあやまろうね」と、次の行動に導くとよいでしょう。

Q 「あと一回」と言ってねだるときは？

A 子どものおねだりに負けることもあるでしょう。それも子どもとの生活の一部です。仕方ありません。

ただ、たびたび要求を受け入れていると、指示が通りにくくなっていきます。子どもが指示を真剣に受け取らなくなるからです。応じるのはほどほどにしましょう。

おねだりされるのは、「あと○回」という指示に不満があるのかもしれません。回数や時間を見直してみましょう。指示の見直しで対応し、おねだりには応じないというのが、よい対処です。

かわいい仕草で「あと１回だけ」と言われると、つい許してしまう

Q へりくつばかりでお手上げです

A 　言葉が達者でこだわりの強いアスペルガー症候群タイプの子どもは、へりくつが上手です。次から次へと反論して、大人を困らせることもしばしばあります。

　理屈っぽい子には、理屈で挑んでも無駄です。子どもが納得するまで説明しようとしても、うまくいかないでしょう。

　指示の理由を聞かれても、「そうしてほしいからよ」とだけ答え、ブロークン・レコード方式（四八ページ参照）で同じ指示を繰り返しましょう。

Q 子どもが泣いたら許してもいいですか？

A 　「子どもの涙には勝てない」と言わないで、ケガやトラブルなどの緊急事態以外は、泣いていてもぐっとこらえてください。子どもが泣くのは、多くの場合、人の注意を引きたいとき。そこで親がかけよったら、泣けば得をすることになってしまいます。
　泣いている間は「注目しない」で、泣きやんだときに「ほめる」のが鉄則です。

Q ぐずられて根負けしてはダメですか？

A 　指示をしてもぐずっている子を見ると、注意したくなるものです。放っておくと、そのままぐずり続けるのでは、と不安にもなります。
　しかし、そこで子どもをかまって手伝うと、否定的な注目になります。もう一度同じ指示を出し、子どもが動くのを待ちましょう。子どもが自分から行動しはじめたら、すかさずほめます。そのあとは手伝ってもよいでしょう。

○○の家ではいいんだよ
朝はいいって言ったもん

へりくつを言い出すときりがない。どこかで区切って

かけひきに巻きこまれないように、ペアトレの原則を活用しましょう。

Q&A トレーニングしても うまくいかないのはなぜ？

〜わが家にはペアトレはあわない？ 編〜

Q 「真剣な態度」を怖がるんですけど？

A 子どもの行動を無視し、指示を何度も繰り返すことが、子どもを怖がらせる場合があります。親としては「怖がらせてまで指示を出すべきか……」と悩むかもしれませんが、指示は出してください。

子どもが怖がるのは、指示の意図が伝わっていない場合がほとんどです。「○○するのはよくないことです。お母さんは△△してほしいの。△△したら聞くよ」というように、意図をはっきりと伝えてください。

Q 祖父母が子どもを甘やかすのはダメ？

A あまりよくありません。一貫した対応をとることが望ましいと言えます。祖父母にもペアトレの概要を伝えたいところです。

ただ、そうは言っても、説明するのは難しいでしょう。とくに気になるところだけ伝えて、あとは祖父母の意向も聞くというのが、現実的な対処法です。祖父母が子どもに教えてくれることもあります。柔軟に対応しましょう。

ほかの家族が子どもを甘やかすと、ペアトレの効果が出にくい

Q 私自身、ペアトレに納得できません!

A ペアトレをはじめとする育児法が示しているのは、子育てのヒントです。正解ではありません。納得できない点もあるでしょう。疑問点はリーダーにどんどん相談してください。ペアトレが規定している手法よりも、個別にアレンジした方法をとったほうが効果が出る場合もあります。

また、ペアトレ以外の育児書も参考にしましょう。自分なりの育て方を探すヒントとして、ペアトレを使ってください。

理想と違う……
なんかむかつく
こうしましょう!
これで解決!
それはダメ!

育児書の内容に疑問を感じたら、リーダーやほかの参加者に相談を

Q むしろ子どもが私を無視します。なぜ?

A ほめても反応なし、指示にも反応なし、ということもあります。

子どもが親の積極的な関わりを嫌がっている、言葉が抽象的で伝わっていない、発達障害があって話し言葉の指示が通じにくい、などの原因が考えられます。

子どもが好む言い方、伝わりやすい言い方を探すとともに、経緯をリーダーに相談しましょう。発達障害の特性がある場合、そこに配慮した、特別な言い方が必要かもしれません。

Q 子どもが飽きても、続けるべきですか?

A ペアトレは、すぐにうまくなり、劇的な効果が出るというプログラムではありません。

親子ともども、やる気を維持するのが大変でしょう。スペシャルタイムやトークンシステムが意欲を高めますが、それでも足りないこともあります。

トレーニングをこなそうと思うと、プレッシャーになります。楽することを原点と考え、役に立つ範囲で活用するのが、ペアトレとの賢い付き合い方です。

あわないと決めつけないで。効果はすぐには出ません。じっくりとりくみましょう。

コラム

ペアトレの未来
日本向けのアレンジが進んでいる

アメリカのペアトレ

トレーニング
アメリカではトレーニングの実践に重点を置き、各家庭の事情をさほど考慮しない場合が多い

各家庭のサポートは支援センターなどがおこなう

日本でのペアトレ

トレーニング
細部が日本向けに。ADHDの保護者向けにはじまり、現在は発達障害全般が対象に

サポート
保護者同士の交流がさかん。セッション前後にリーダーと面談する機会もある

母親同士、仲がよいのが日本ならではの特徴

現在、日本でおこなわれているペアトレは、もとの手法を日本向けにアレンジしたものです。

アメリカ生まれのトレーニングをそのまま日本で実施すると、細部で食い違いが出るため、こまかな点が調整されています。

基本的には同じ内容ですが、学校との連携のとり方や、言葉のかけ方などは、日本の実情にあった方法がとられています。

また、保護者同士の連携は、アメリカでは少なく、日本では活発におこなわれています。日本の参加者は連絡先を交換して、トレーニング修了後も交流し、お互いに支え合っています。

本書には、ペアレント・トレーニングで学べることのエッセンスがつまっています。しかし、本を読むだけでは、なかなか学びきれないこともあります。ぜひペアトレに参加して、リーダーやほかの保護者と会話をしながら、子育てを考えていってください。

私もよく知らないんだ。学校や役所に聞けば教えてもらえるのかな
ペアトレって子育ての役に立ちそうだけど、どこで受けられるの？

そんなあなたに、ペアレント・トレーニング参加の方法を教えます！

ペアレント・トレーニング実施機関の探し方

母親同士の情報網が、いちばん頼りになる。まわりにペアトレ経験のある先輩がいれば、その人の情報がいちばんの近道に

1 近隣で探す

通いやすい機関を探すのがベストです。まずは近くにペアトレ実施機関がないか、調べてみましょう。同じ悩みを抱えている保護者や、かかりつけの小児科、居住地域の役所の福祉担当窓口などにたずねてみると、情報が集まります。

2 関連機関へ

周囲の人に聞いても実施機関が見つからない場合には、近隣の関連機関に問い合わせをします。地域や機関によって、ペアトレについての情報量には差があります。さまざまな機関に聞いて、状況を把握しましょう。

- 医療機関（大学病院や小児精神科など）
- 教育機関（学校の特別支援学級や地域の教育センターなど）
- 療育機関（地域療育センターや子ども支援センターなど）
- 支援団体（家族会や発達障害関連の協会など）

3 インターネットで

近隣での問い合わせを進めることと並行して、インターネットでもペアトレの情報を集めましょう。インターネットでは全国の状況がわかりますが、全10回すべて遠方に通うのは大変ですから、居住地域周辺の情報にしぼって探すのが得策です。

日本でペアレント・トレーニングを実施している主な機関

機関名	所在地	問い合わせ先・備考
あさかホスピタル	福島県郡山市	メール：shinri@asaka.or.jp
氏家医院	北海道札幌市	FAX：011-742-6166
えじそんくらぶ奈良「ポップコーン」	奈良県北葛城郡	メール：pop-corn@m4.kcn.ne.jp
大阪ADHDを考える会「のびのびキッズ」	大阪府寝屋川市	メール：hiperact@axel.ocn.ne.jp（不定期）
大阪LD親の会「おたふく会」	大阪府寝屋川市	メール：otahukuhp@gmail.com（不定期、対象は会員のみ）
京都ADHD親の会クローバー	京都府京都市	メール：kyoto-clover@drive.ocn.ne.jp（不定期、対象は会員のみ）
国立国際医療研究センター国府台病院	千葉県市川市	電話：047-372-3501（受診が前提。まず児童精神科の初診希望と電話を）
さいたま市児童相談所	埼玉県さいたま市	電話：048-840-6107（対象はさいたま市内在住で、通所中の人）
つつじが丘こどもクリニック	愛知県知多市	電話：0562-55-0111
奈良教育大学特別支援教育研究センター	奈良県奈良市	FAX：0742-27-9314
川口市子育て相談課	埼玉県川口市	電話：048-257-3330（対象は川口市在住の方）
新潟県立吉田病院　子どもの心診療科	新潟県燕市	FAX：0256-92-2610
奈良県発達障害支援センター「でぃあ〜」	奈良県奈良市	電話：0742-62-7746
肥前精神医療センター★	佐賀県神埼郡	メール：shinri@hizen2.hosp.go.jp
NPO法人ぺあ・さぽーと	沖縄県沖縄市	FAX：098-939-9552
まめの木クリニック・発達臨床研究所	東京都江戸川区	FAX：03-3671-5361
文化通やぎうちクリニック	福島県福島市	FAX：024-522-8821

※五十音順。すべての機関が予約制をとっている。受診者や近隣機関からの紹介者限定の場合も多い。詳細はファックス、メールなどで確認を。各機関とも問い合わせが多いため、返事が遅れることもある。★印の機関は、本書とは方式の異なるペアレント・トレーニングを実施している

4 実施機関へ

実施機関が見つかったら、くわしい状況を直接、問い合わせてください。参加希望者が多い機関では、ある程度、待たなければいけない場合もあります。なお、実施機関で多いのは医療機関や療育機関、児童相談所などです。

5 参加を検討

参加を決める前に、日時や場所、費用などの条件面を確認しましょう。すべて問題なければ、検討に入ります。申し込みをして、アンケートに答えたり、事前面接を受けたりしたうえで、条件があえば、参加決定となります。

ペアレント・トレーニング参加時の注意点

6 方針の違いがある

実施機関ごとに方針が異なります。子育ての一環として実施しているところと、発達障害支援をしているところでは、内容が違います。自分の状況にあっているかどうか、事前に確認しましょう。

7 発達障害の特性

自閉症スペクトラムの常同行動（こだわり）やLDの読み書きの困難などには、個別の対応が必要です。ペアトレの手法があわない場合もあるので、専門家や医療機関に相談しましょう。

8 修了後も続ける

ペアトレでもっとも難しいのは、学んだことの持続です。トレーニングが終わると、覚えた習慣がじょじょに薄れがちです。ほかの保護者と交流をもつなどして、継続する努力をしましょう。

LDの子は読み書きや計算が苦手。指示を繰り返すと追いつめてしまう場合がある

自閉症スペクトラムの子にはこだわりがあり、別の行動に誘いにくいことがある

感覚の過敏性があって、汁物を嫌がる子もいる。指示が子どもを苦しめているように見えたら、リーダーに相談を

ペアトレは役立ちますが、万能ではありません。自分なりの活用法を探しましょう！

■監修者プロフィール

上林靖子（かんばやし・やすこ）

まめの木クリニック院長、医学博士。1967 年、東京医科歯科大学医学部卒業。国立国府台病院児童精神科、国立精神・神経センター精神保健研究所部長などをへて、現職に。
専門は児童思春期精神医学。とくにペアレント・トレーニングの調査研究・臨床的研究。
監修書に『こうすればうまくいく　発達障害のペアレント・トレーニング実践マニュアル』（中央法規出版）などがある。

■共同監修

藤井和子（まめの木クリニックケースワーカー）
井潤知美（大正大学心理社会学部臨床心理学科）

編集協力
オフィス 201

カバーデザイン
小林はるひ
（スプリング・スプリング）

カバーイラスト
植木美江

本文デザイン
南雲デザイン

本文イラスト
植木美江
千田和幸

健康ライブラリー
発達障害《はったつしょうがい》の子の育《そだ》て方《かた》がわかる！
ペアレント・トレーニング

2009年11月30日　第1刷発行
2020年4月6日　第12刷発行

監　修	上林靖子（かんばやし・やすこ）
発行者	渡瀬昌彦
発行所	株式会社 講談社 東京都文京区音羽二丁目 12-21 郵便番号　112-8001 電話番号　編集　03-5395-3560 販売　03-5395-4415 業務　03-5395-3615
印刷所	凸版印刷株式会社
製本所	大口製本印刷株式会社

N.D.C.493　78p　21cm

ISBN978-4-06-259651-0

■参考文献

岩坂英巳／中田洋二郎／井潤知美編著
『AD/HD のペアレント・トレーニングガイドブック
――家庭と医療機関・学校をつなぐ架け橋――』
（じほう）

シンシア・ウィッタム著、中田洋二郎監訳
『読んで学べる ADHD のペアレントトレーニング
――むずかしい子にやさしい子育て――』
（明石書店）

シンシア・ウィッタム著、
上林靖子／藤井和子監修、門脇陽子翻訳
『きっぱり NO! でやさしい子育て
――続　読んで学べる
ADHD のペアレントトレーニング――』
（明石書店）

上林靖子／北道子／中田洋二郎／藤井和子／井潤知美著
『AD/HD とはどんな障害か
――正しい理解から始まる支援――』
（少年写真新聞社）

上林靖子監修、北道子／河内美恵／藤井和子編集
『こうすればうまくいく
発達障害のペアレント・トレーニング実践マニュアル』
（中央法規出版）

講談社 健康ライブラリー イラスト版

AD/HD（注意欠陥／多動性障害）のすべてがわかる本

市川宏伸 監修
日本発達障害ネットワーク理事長

落ち着きのない子どもは、心の病気にかかっている？ 多動の原因と対応策を解説。子どもの悩みがわかる本。

1200円（本体）

アスペルガー症候群・高機能自閉症のすべてがわかる本

佐々木正美 監修
児童精神科医

自閉症の一群でありながら、話し言葉は達者なのが、アスペルガー症候群。自閉症と異なる支援が必要です。

1400円（本体）

自閉症のすべてがわかる本

佐々木正美 監修
児童精神科医

自閉症は、病気じゃない。子どものもつ特性を理解して寄り添い方を工夫すれば、豊かな発達が望めます。

1400円（本体）

LD（学習障害）のすべてがわかる本

上野一彦 監修
東京学芸大学名誉教授

「学びにくさ」をもつ子どもたちを支援する方法と、特別支援教育による学習環境の変化、注意点を紹介。

1200円（本体）

講談社 健康ライブラリー スペシャル

『【新版】発達障害に気づいて・育てる完全ガイド』

—先生・保護者がすぐに使える記入式シートつき—

じっとしていられない、
コミュニケーションがうまくとれないなど、
子どものようすが心配なとき。
発達障害によるのか、性格なのかの見極めは難しく、
学校の先生と保護者で意見がくいちがうこともあります。
子どもの傾向を客観的につかみ、
どうすればいいかをアドバイス。
基礎知識から小さなアイデアまで、
現場に即した日本で初めてのガイドです！

黒澤礼子 著
臨床心理士・臨床発達心理士

すぐに使える記入式シート
①行動と学習に関する基礎調査票
評価シート
②総合的に判断できる評価シート

専門知識がなくても、子どものようすをよく知っている人なら、だれでも記入できます。

1300円（本体）

価格は税別です。